Auguri
e tanti diritti

Auguri
e tanti diritti

175 ANNI DELLA COSTITUZIONE FEDERALE

Edito dal
Museo nazionale svizzero
Museo nazionale Zurigo

SANDSTEIN VERLAG

Denise Tonella: **Prefazione** +++ 6

Erika Hebeisen, Michael Kempf: **Introduzione** +++ 10

Josef Lang: **La libertà di religione: un ospite straniero nelle nostre valli** +++ 15

Martin Lengwiler: **La salvaguardia della sfera privata, tra protezione dello Stato e protezione dallo Stato** +++ 23

Susanne Bennewitz: **La prima volta che gli ebrei svizzeri ottennero la cittadinanza** +++ 31

Numa Graa: **L'evoluzione delle garanzie procedurali nel diritto costituzionale federale** +++ 39

Vanessa Rüegger: **I diritti fondamentali nella Costituzione svizzera: la libertà di stampa, la libertà di opinione e la libertà artistica** +++ 47

Helen Keller: **L'europeizzazione della Costituzione federale svizzera** +++ 55

Jacqueline Grigo: **La libertà di chi? La controversia sul velo islamico in Svizzera** +++ 63

Regula Argast: **La Costituzione federale come correttivo delle decisioni arbitrarie in merito alla naturalizzazione** +++ 69

Debjani Bhattacharyya: **Un diritto fondamentale al freddo per la Svizzera?** +++ 77

Schede biografiche delle autrici e degli autori +++ 84
Letture consigliate +++ 86 Colophon +++ 88

DENISE TONELLA

Prefazione

Nel 1848 nasce lo Stato federale svizzero, Berna diventa la capitale federale e la prima Costituzione della Confederazione entra in vigore: si tratta di una cesura epocale nella storia svizzera, che segna la fine dell'Ancien Régime e, allo stesso tempo, l'inizio della Svizzera moderna. Ci troviamo di fronte a un cambio di sistema radicale, poiché si passa da una confederazione di Stati composta da vari Cantoni allo Stato federale, con la Svizzera che diventa, in questa fase storica, un'isola democratica e repubblicana circondata dai regimi aristocratici europei. La revisione della Costituzione federale del 1874 e l'introduzione del diritto di iniziativa nel 1891 danno avvio alla transizione dalla democrazia rappresentativa a quella diretta. L'estensione del diritto alla partecipazione politica agli ebrei nel 1866 e alle donne nel 1971 rappresenta due momenti fondamentali, a cui oggi si richiamano coloro che non hanno accesso al diritto di voto e di eleggibilità, e in particolare i minorenni e la popolazione straniera.

175 anni dopo la fondazione del moderno Stato federale, il Museo nazionale svizzero dedica alla Costituzione svizzera un'ampia mostra temporanea. Nel mondo di oggi, in cui le libertà essenziali dell'individuo sono sempre più minacciate, confrontarsi con i diritti fondamentali in Svizzera è un compito di primaria importanza. La Costituzione rappresenta il caposaldo su cui poggia una democrazia libera e vitale, nonché la base giuridico-politica della nostra convivenza. Da quando la Convenzione europea dei diritti dell'uomo (CEDU) è stata ratificata dalla Svizzera nel 1974 e i diritti umani internazionali sono stati sanciti dalla nuova Costituzione federale approvata nel 1999, la Svizzera dispone di un catalogo di diritti fondamentali rafforzato e coordinato a livello sovranazionale. La mostra e la presente pubblicazione invitano il pubblico e i lettori a confrontarsi con la libertà di stampa, di opinione o di religione, nonché con la tutela della sfera privata o il diritto a un equo processo. Entrambe interrogano inoltre la Costituzione attuale e si soffermano su quei diritti fondamentali che potrebbero essere necessari in futuro.

Desidero esprimere i miei più sentiti ringraziamenti ai co-curatori Erika Hebeisen e Michael Kempf per avere realizzato la mostra e questa pubblicazione: la loro disponibilità a percorrere nuove strade museologiche e la loro curiosità per il tema trattato sono state al contempo una fonte d'ispirazione e d'innovazione. Ringrazio anche Sophie Dänzer per l'attento lavoro di coordinamento e Naomi Eggli per la solerte collaborazione scientifica. Vorrei inoltre estendere i miei ringraziamenti alla «Rappaport Szenographie Architektur GmbH» per l'allestimento della mostra, al collettivo di artisti «Weicher Umbruch» per la realizzazione grafica e a «Playing History» per aver trasposto in forma ludica contenuti tanto impegnativi. Un ringraziamento particolare va alla casa editrice Sandstein e alle autrici e agli autori degli articoli qui riuniti. Ringrazio vivamente anche tutte le istituzioni prestatrici, che hanno messo a disposizione della nostra mostra oggetti essenziali, nonché tutte le persone che hanno contribuito alla buona riuscita di questo progetto.

Nel 1848 la commissione costituzionale riesce a preparare e presentare, nel giro di poche settimane, il proprio progetto, accolto favorevolmente da due terzi dei Cantoni. Il 12 settembre 1848 la Dieta approva la prima Costituzione federale. Il nuovo Stato federale funziona con un sistema bicamerale; la Svizzera diventa una democrazia rappresentativa e quindi, per qualche tempo, un'isola repubblicana nel cuore dell'Europa.

Costituzione federale della Confederazione Svizzera, Berna, 12.9.1848, facsimile con due cordoncini | Archivio federale svizzero, Berna

Introduzione

In occasione del 175° anniversario della Costituzione federale, il Museo nazionale augura alla Svizzera cento di questi «diritti»! Con una mostra e questo volume ripercorriamo la storia dei diritti fondamentali che oggi sono riconosciuti e garantiti dalla Costituzione federale svizzera. Se alcuni di essi comparivano già nella prima Costituzione del 1848, la maggior parte sono stati aggiunti in un secondo tempo, e molti hanno operato anzitutto come diritti non scritti. Sin dall'inizio la Costituzione federale svizzera poteva agevolmente essere sottoposta a revisione; la parte più cospicua degli attuali diritti fondamentali vi fa il suo ingresso con la revisione totale del 1999.

175 anni fa la prima Costituzione della Svizzera moderna non è stata inventata da una commissione, né è caduta dal cielo; aveva invece modelli eminenti e più coraggiosi, primi tra tutti la Dichiarazione dei diritti dell'uomo e del cittadino, elaborata durante la Rivoluzione francese, e la Costituzione americana. La Costituzione federale svizzera ha visto la luce del giorno soltanto dopo un parto duro e difficoltoso e non si può affatto dare per scontato che potesse avere successo e sopravvivere: la sua diretta antenata, di gran lunga più ambiziosa, ovvero la Costituzione della Repubblica elvetica, era riuscita a resistere a malapena cinque anni, intorno al 1800, mentre il Patto federale del 1815, che regolava l'alleanza tra i Cantoni sovrani, non rappresentava una Costituzione democratica. Di fatto, la democrazia svizzera ha mosso i primi passi nei Cantoni liberali all'inizio degli anni Trenta dell'Ottocento, nonostante una Costituzione federale progettata dai liberali nel 1832 fosse clamorosamente fallita, passando alla storia come «un tentativo abortito».

Nei quindici anni seguenti i conflitti confessionali vanno inasprendosi all'interno della Confederazione, così come il contenzioso tra conservatori e liberali intorno al fondamento politico della futura Svizzera, che nel novembre del 1847 sfocia nella cosiddetta guerra del Sonderbund. I Cantoni che si erano alleati nel Sonderbund avrebbero forse potuto impedire l'esperimento liberale nel centro

Nel 1832, per la prima volta dopo il fallimento della Repubblica elvetica, i liberali elaborano una Costituzione federale democratica, che nell'immagine viene svilita e liquidata come un «aborto». Sullo sfondo, a destra, sono rappresentati illustri liberali nel ruolo di ostetrici. In primo piano, al centro, essi si riuniscono per un «battesimo d'emergenza» del neonato, a cui il disegnatore conservatore non dà nessuna possibilità di sopravvivere.

Ludwig Adam Kelterborn (attribuito a), caricatura della revisione del Patto federale del 1815, ca. 1833, litografia su carta | Museo nazionale svizzero

d'Europa con l'aiuto dei principi e dei monarchi dei Paesi che circondavano la Svizzera, se costoro non si fossero trovati a loro volta alle prese con rivolte liberali.

Risparmiata da interventi militari esterni e grazie a una vittoria rapida delle truppe federali, il 17 febbraio 1848 una commissione costituzionale si mette al lavoro a Berna. Disposta a trovare un compromesso, essa riesce in un lasso di tempo ragionevole a redigere una bozza costituzionale in grado di raccogliere i consensi della maggioranza. Il testo viene approvato con l'aiuto di procedure di voto non del tutto ineccepibili e, il 12 settembre 1848, entra in vigore la prima Costituzione federale svizzera. Con il suo sistema bicamerale la Costituzione va incontro ai federalisti e getta le basi di una democrazia che, per il momento, è rappresentativa.

I cattolici conservatori, che hanno perso la guerra del Sonderbund, si mantengono inizialmente lontani dalla politica federale di Berna. La forza trainante sono i liberali, che devono ora tradurre le proprie conquiste costituzionali in una prassi politica. Allo stesso tempo, i movimenti liberali radicali prima e quelli socialisti poi hanno manifestato i propri interessi: la pressione politica da loro esercitata ha convertito quella che fino al 1891 è stata una democrazia rappresentativa per uomini cristiani in una democrazia semidiretta per quasi tutti gli uomini.

Cinque dei contributi contenuti in questo volume ci riportano a questo periodo, politicamente movimentato, della fondazione del giovane Stato federale, occupandosi prevalentemente di diritti fondamentali *ante litteram* e di una questione capitale: a chi sono estesi questi diritti? Chi può partecipare alla formazione della volontà politica? Insieme ad altre minoranze più ridotte, tutte le donne in Svizzera così come tutti gli uomini ebrei restano escluse ed esclusi dal diritto di voto e di eleggibilità; Il contributo di Susanne Bennewitz mostra come l'emancipazione della popolazione ebraica abbia ricevuto scarso sostegno dalla società e come, per questa ragione, l'uguaglianza giuridica abbia stentato a svilupparsi. Con l'inclusione nella partecipazione alla vita politica di fasce più ampie di cittadini, la libertà di stampa è il diritto fondamentale più importante contenuto nella Costituzione federale del 1848: nel suo testo ad essa dedicato, Vanessa Rüegger ricostruisce il percorso che va dal divieto della censura alla libertà artistica come un potenziamento graduale della libertà dei media. La prima Costituzione svizzera garantisce inizialmente la libertà religiosa soltanto alle due confessioni cristiane: il contributo di Josef Lang spiega perché ciò è accaduto e quanto fragile fosse tale libertà per le altre comunità religiose. Martin Lengwiler esamina le modalità con cui si è formata la consapevolezza in merito alla tutela della privacy, spiegando quale sfera privata sia considerata degna di protezione. Nell'ultimo contributo di questa sezione, Numa Graa si lancia alla ricerca dei primi accenni di processi equi nel diritto penale, che vengono integrati nella Costituzione federale negli ultimi decenni del XX secolo, sotto la spinta dell'europeizzazione della giurisprudenza svizzera.

Per oltre 120 anni lo Stato federale è rimasto una democrazia di e per uomini. Le donne svizzere hanno ottenuto il diritto di partecipare alla vita politica soltanto nel 1971 con l'introduzione del suffragio universale. Prendendo le mosse da questo grande passo verso la democratizzazione del Paese, la mostra e questo volume affrontano il modo in cui si sono sviluppati i diritti fondamentali entrati poi nella Costituzione del 1999, oggi in vigore. Ratificando la Convenzione europea dei diritti dell'uomo nel 1974, la Svizzera si inserisce in un sistema giuridico di livello superiore: da quel momento le sentenze della Corte europea dei diritti dell'uomo (Corte EDU) di Strasburgo, unitamente alla giurisprudenza del Tribunale federale e alle iniziative popolari, vengono a rappresentare una sorta di Costituzione *in fieri*. Nel suo contributo, Helen Keller spiega in che modo i diritti fondamentali europei si sono concretamente fatti strada nella Costituzione federale, mentre Regula Argast, con un esempio tratto dalle procedure di naturalizzazione negli anni Sessanta del secolo scorso, mostra quali sono le ideologie che si oppongono alla partecipazione politica della popolazione straniera e i loro effetti in Svizzera, che si fanno sentire tutt'oggi. Jacqueline Grigo riflette invece su come la libertà di religione non si applichi allo stesso modo a tutte le comunità religiose, anche alla fine del XX secolo, e lo fa richiamandosi alle discussioni politiche e ai dibattiti giuridici sul velo delle donne musulmane.

Come dimostrano i contributi raccolti in questo volume, la Costituzione federale svizzera è in grado di rispondere ai cambiamenti sociali proprio perché può essere rivista e completata. Questo sarà necessario anche in futuro, quando si tratterà di cercare un accordo, in modo democratico, su questioni politiche controverse: la popolazione straniera residente – che oggi corrisponde a un quarto di tutte le persone che vivono in Svizzera – dovrebbe poter partecipare alle decisioni politiche? Quali elementi deve e non deve contenere una Costituzione per garantire la libertà di religione per tutte e tutti? Come si può convincere i giganti della tecnologia a rispettare la privacy della propria utenza? O ancora: come si può affrontare in maniera adeguata la crisi climatica a livello costituzionale? È in questa prospettiva che va intesa la domanda di Debjani Bhattacharyya, che dà il titolo al contributo che chiude questo volume: la Svizzera ha forse bisogno di un diritto al freddo?

La libertà di credenza e di coscienza è inviolabile

Cst. 1874, art. 49.

La libertà di religione: un ospite straniero nelle nostre valli

Nel giugno del 1870 il Consiglio federale scriveva nel suo messaggio sulla revisione totale della Costituzione federale: «L'idea della libertà di religione è nata nella terra libera d'oltreoceano; è tornata nella vecchia Europa come un ospite straniero, al quale si guarda con grande sospetto, e da lì è arrivata, solo in un secondo momento, nelle nostre valli». La Svizzera era sì «la terra della libertà politica», ma la «libertà religiosa» era rimasta «da sempre molto limitata dalla legge e dalle consuetudini».

Già la Costituzione federale del 1848 aveva anteposto la libertà politica alla libertà di religione; essa aveva tuttavia perlomeno stabilito l'uguaglianza delle confessioni e dei cittadini cristiani. Ciò significa che le cattoliche e i cattolici potevano ottenere la libertà di domicilio, la libertà di credo e i diritti politici nei Cantoni protestanti, così come le e i protestanti li ottenevano nei Cantoni cattolici. Quanto ciò rappresentasse un progresso notevole lo dimostra la massiccia campagna di opposizione dell'estate del 1848: a Uri, un ex Landamano avvertì che «in futuro i protestanti avrebbero potuto predicare per le strade di Altdorf»; nella Landsgemeinde di Nidvaldo si affermò che «i cattolici sarebbero passati sotto il dominio dei protestanti». A Zugo, membri del clero profetizzarono che «i cattolici avrebbero dovuto rinnegare la propria fede e diventare protestanti».

La difesa della propria confessione da coloro che professavano una fede diversa, come accadeva anche nelle regioni protestanti, rappresentava un motivo importante per il quale la partecipazione alla vita comunale era resa difficile ai numerosi nuovi arrivati, donne e uomini. La sostituzione o integrazione dei Comuni patriziali da parte dei Comuni di residenti, che ebbe luogo dopo la prima revisione totale della Costituzione federale, rafforzò le relative minoranze confessionali. Le moderne istituzioni garantivano l'uguaglianza religiosa meglio di quelle tradizionali. Nelle regioni conservatrici

Disteli f.

I due principali punti controversi nella lotta per lo Stato federale erano i monasteri e l'ordine dei gesuiti. Dal punto di vista dei liberali, essi contribuivano ad aggravare la scissione confessionale del Paese. La caricatura, opera di un cattolico liberale, mostra un gesuita che infervora i fedeli.

Martin Disteli, La predica del fanatico, progetto per un fazzoletto, Soletta, ca. 1834, disegno a penna e acquerello. | © Musée d'art et d'histoire, Ginevra, fotografo: André Longchamp

rimaneva il grande problema dell'impronta lasciata dalla Chiesa sull'insegnamento nelle scuole elementari: per questa ragione il nuovo articolo sulla scuola, contenuto nella Costituzione federale del 1874, promuoveva anche la libertà e la tolleranza religiosa e obbligava i Cantoni a offrire un tipo di insegnamento che potesse essere frequentato da chiunque, «senza comprometterne la libertà di credo e di coscienza». Altri progressi erano stati fatti già in precedenza attraverso le leggi federali: l'Assemblea federale abrogò nel 1851 le regolamentazioni cantonali che ostacolavano il matrimonio tra sposi di confessioni diverse e, in seguito, la Costituzione federale del 1874 approvò il matrimonio civile e il diritto del divorzio.

L'esclusione delle ebree e degli ebrei svizzeri da tutti i diritti qui citati rappresentava una delle maggiori debolezze della Costituzione federale del 1848. Nel Canton Argovia, dove viveva un buon terzo delle e dei 4216 ebree ed ebrei allora residenti in Svizzera, il tentativo di concedere loro pari diritti venne respinto con forza nel 1862. Il portavoce più importante del movimento di protesta antisemita *Mannlisturm* era anche a capo della Società piana, così chiamata in onore dell'allora papa Pio IX. I princìpi programmatici della lotta contro l'emancipazione della popolazione ebraica erano i seguenti: «Gli ebrei non possono essere nostri concittadini e connazionali. Storicamente, la Svizzera è la patria dei cristiani».

Dopo aver stabilito l'uguaglianza degli ebrei argoviesi a livello politico, la Confederazione era chiamata a realizzarla a sua volta. Nel gennaio del 1866 ebbe luogo una votazione sulla prima revisione parziale della Costituzione federale. Mentre la libertà di domicilio e la parità dei diritti per gli ebrei furono accolti dalla maggioranza, la loro libertà di credo e di culto fu respinta di misura. Nella Svizzera centrale circa l'80% degli aventi diritto al voto si espressero con un «no». La libertà religiosa ebraica diventò così una questione fondamentale nel dibattito che si sarebbe prodotto in seguito sulla revisione totale della Costituzione. Un Consigliere agli Stati urano vi si oppose con una formulazione che suona straordinariamente moderna: «La Svizzera dovrebbe essere uno Stato cristiano oppure cosmopolita?». Il 19 aprile 1874 due terzi della popolazione maschile si espresse a favore di uno Stato federale secolare, con una partecipazione dell'82%.

Appena vent'anni dopo essere stata riconosciuta nella nuova Costituzione federale del 1874, la libertà religiosa della popolazione ebraica viene nuovamente limitata quando la prima iniziativa popolare in assoluto viene accettata nel 1893. La caricatura mostra come nella campagna in vista della votazione, di stampo antisemita, viene ripresa anche la leggenda dell'omicidio rituale.

Caricatura sul divieto della macellazione rituale, *Nebelspalter*, vol. 19, fasc. 33, Zurigo, 19. 8. 1893 | *Nebelspalter*, Zurigo

Tra il 1835 e il 1875 il cattolico liberale Augustin Keller è stato una figura fondamentale nella lotta per uno Stato federale laico. Nel 1841 ha proposto la soppressione dei conventi argoviesi e quella dell'ordine dei gesuiti nel 1844. Negli anni Sessanta dell'Ottocento si è impegnato affinché la popolazione ebraica ottenesse la parità dei diritti e per questa ragione la loggia ebraica fondata a Zurigo nel 1907 porta il suo nome.

Ritratto di Augustin Keller, Kunstanstalt C. Knüsli, Zurigo, cromolitografia su carta | Museo nazionale svizzero

Nel contesto del Kulturkampf, per separare l'appartenenza religiosa da quella civica, venne inasprita l'interdizione dei gesuiti, già inserita nella Costituzione del 1848; venne proibita l'attività anche di singoli membri dell'ordine. La creazione di nuovi conventi fu vietata e fu decretata l'ineleggibilità degli ecclesiastici al Consiglio nazionale e federale, mentre la creazione di nuove diocesi doveva essere autorizzata dalla Confederazione. Questi articoli d'eccezione erano in contrasto con una concezione liberale della libertà di religione,

Il riconoscimento della libertà religiosa da parte del Concilio Vaticano II, nel 1965, ha spianato la strada alla soppressione degli articoli d'eccezione in Svizzera, avvenuta nel 1973 e nel 2001. Su alcuni punti, il Concilio Vaticano II (1962–1965) ha accolto le critiche rivolte al Concilio Vaticano I (1869–1870).

Bernhard Moosbrugger, Sessione di apertura del Concilio Vaticano II, Roma, ottobre 1962 | © Bernhard Moosbrugger/Fotostiftung Schweiz ma vanno intesi come reazione alla crociata antiliberale del papa, che raggiunse la sua acme nel 1870 con la proclamazione del dogma dell'infallibilità pontificia da parte del Concilio Vaticano I. Ancora nel 1960 il Sant'Uffizio affermava: «Dove la Chiesa governa, vuole limitare i diritti delle altre confessioni; viceversa, dove è invece una minoranza reclama i medesimi diritti degli altri». Il riconoscimento della libertà di religione da parte del Concilio Vaticano II, nel 1965, facilitò l'abrogazione dell'interdizione dei gesuiti e del divieto di costruzione di conventi nel 1973.

Nel 1893 la tolleranza religiosa nei confronti di chi praticava il giudaismo subì un'ulteriore battuta d'arresto con l'introduzione del divieto della macellazione rituale, propugnato dai protestanti conservatori. L'antisemitismo ebbe conseguenze disastrose specialmente durante la Seconda guerra mondiale: non fu infatti dato asilo a molti di coloro che erano perseguitati «motivi razziali», fossero uomini o donne. Il divieto della macellazione rituale, che colpiva anche le persone di fede islamica, venne stralciato dalla Costituzione nel 1978, ma venne ribadito nella legge sulla protezione degli animali.

A partire dagli anni Settanta del secolo scorso, la società svizzera è stata soggetta a un forte processo di secolarizzazione e, al contempo, di pluralizzazione religiosa; ciò non ha avuto nessun influsso sulla nuova Costituzione federale del 1999. L'unica modifica in campo politico-religioso è stata infatti quella che ha permesso agli ecclesiastici di essere di nuovo eleggibili ai seggi parlamentari. L'articolo sulle diocesi è stato abrogato nel 2001, con una percentuale di voti a favore pari al 64%. Ormai diffidenti nei confronti della gerarchia, un terzo dei cattolici e soprattutto delle cattoliche aveva votato «no».

La Costituzione federale non ha fatto in tempo a liberarsi dagli articoli d'eccezione che colpivano la religione che gliene sono stati aggiunti due nuovi: nel 2009 la popolazione ha accettato con il 58% dei voti l'iniziativa popolare contro l'edificazione di minareti e nel 2021, con il 51% dei voti, il divieto di indossare il burqa. Molte svizzere e molti svizzeri continuano a provare un senso di diffidenza nei confronti della libertà e della tolleranza religiosa.

Ognuno ha

diritto

d'essere

protetto

da un impiego abusivo dei suoi dati personali

Cst. 1999, art. 13 al. 2

La salvaguardia della sfera privata, tra protezione dello Stato e protezione dallo Stato

La tutela della sfera privata è annoverata tra i diritti fondamentali di tutte le persone che vivono in Svizzera, come sancito dall'articolo 13 della Costituzione federale vigente. La tutela della sfera privata include anche il rispetto della vita privata e familiare del singolo, la protezione dall'uso abusivo dei suoi dati personali, nonché la tutela del segreto postale e delle telecomunicazioni.

Considerare la tutela della sfera privata come un diritto fondamentale è un fenomeno nuovo, come dimostra il fatto che viene inserita nella Costituzione federale per la prima volta nel 1999. L'idea che essa fosse un principio verso cui orientarsi, ampiamente riconosciuto, è tuttavia più antica: risale infatti al XIX secolo, quando la garanzia della sfera privata era strettamente connessa al concetto di cittadino repubblicano libero, che la sfera privata, appunto, proteggeva dall'ingerenza di uno Stato forte – ovvero, all'epoca, autoritario e assoluto. L'edizione del *Meyers Konversation-Lexikon* del 1889 definisce il concetto di «privato» come «ciò che si oppone alla vita pubblica» e l'economia privata come l'opposto dell'«economia pubblica» o dell'«economia sociale». Sotto il profilo storico le libertà civili, nate in risposta al potere crescente degli Stati assolutistici, e la protezione della sfera privata erano intimamente legate tra loro.

Il moderno Stato federale svizzero, complici la sua storia e l'ampliamento dei suoi poteri, è ripetutamente entrato in conflitto con la rivendicazione del diritto alla tutela della sfera privata. Ne è un esempio lampante il tentativo di istituire un moderno sistema fiscale e tributario ai tempi della Repubblica elvetica, all'inizio del XIX secolo – e quindi risalente a un'epoca addirittura anteriore alla fondazione

dello Stato federale del 1848 –, che fallì non da ultimo a causa di una concezione radicale del segreto fiscale dei contribuenti. Per questa ragione, nella campagna basilese il governatore poteva soltanto collocare una cassetta per la riscossione delle imposte, ma non controllare l'importo depositato dai contribuenti; le imposte venivano consegnate in una busta sigillata, senza che i rappresentanti delle autorità potessero accedere al suo contenuto. Chi versava l'importo corretto diventava lo zimbello delle sue concittadine e dei suoi concittadini. Nella cassetta finivano regolarmente numerose monete false.

Non è pertanto un caso che la Costituzione federale del 1848 abbia dovuto regolare il conflitto tra Stato e sfera privata solamente in un ambito, quello del servizio postale. La Costituzione ha così rafforzato la posizione dei privati cittadini e ha garantito «l'inviolabilità del segreto postale».

Il segreto postale è stato violato soprattutto durante le due guerre mondiali. Questa lettera è stata inviata in Svizzera da un soldato, ma prima del suo arrivo è stata aperta, letta e, in sostanza, censurata dalla censura militare dell'Impero austro-ungarico.

Lettera inviata da Lubiana a Berna, munita di timbri di censura, 13.8.1915 | Phil_05275 | Museo della comunicazione, Berna

La grande importanza che a partire dal XIX secolo la società borghese ha assegnato alla tutela del privato si manifesta per esempio nel segreto professionale, che giuridicamente viene istituito proprio nell'ambito delle varie professioni borghesi: il segreto medico proteggeva il rapporto di fiducia tra medico e paziente, il segreto degli avvocati la relazione tra avvocata e avvocato e cliente, il segreto confessionale lo scambio tra gli ecclesiastici e i membri della loro parrocchia. Non va scordato il segreto bancario, che tutelava la sfera privata delle e dei clienti delle banche in relazione alla loro situazione patrimoniale, e che nel 1933 fu stabilito per legge, per fare da contrappeso alla nuova sorveglianza federale sulle banche.

Nel corso del XX secolo la protezione della sfera privata è stata contestata e limitata, almeno temporaneamente, in quattro ambiti soggetti all'intervento dello Stato, che vanno dalla protezione statale del sistema fiscale e dell'istruzione sino ai rapporti con le nuove tecnologie.

Le compagnie svizzere di assicurazione sulla vita gestiscono da tempo una banca dati che raccoglie informazioni sulla salute. Le persone interessate non ne sono state informate. Sebbene la televisione svizzera abbia segnalato l'esistenza di questa raccolta illegale, le compagnie di assicurazione non hanno cambiato il proprio *modus operandi*.

Irene Loebell, trasmissione *Kassensturz* dedicata alla banca dati centralizzata delle compagnie assicurative, 17.9.1984 | SRF/SRG

La protezione dello Stato, che esisteva sin dalla fondazione dello Stato federale nel 1848, aveva come scopo la salvaguardia dell'ordine dello Stato stesso. Nel mirino si trovavano individui e gruppi accusati di attività sovversive, che venivano sorvegliati con mezzi simili a quelli dei servizi segreti militari. Nel XIX secolo e all'inizio del XX, quando lo Stato federale era ancora relativamente debole in termini di federalismo, la protezione statale ha avuto un'esistenza marginale. A partire dal periodo tra le due guerre, tuttavia, e ancor di più durante la Guerra fredda, le attività per la protezione dello Stato sono state notevolmente ampliate. Gruppi stranieri di sinistra o di estrema sinistra – per un totale di quasi un milione di persone – sono stati sorvegliati sistematicamente, perlopiù a loro insaputa. Quando, dopo la fine della Guerra fredda, l'entità della rete di spionaggio è diventata di dominio pubblico e ha portato all'«affare delle schedature», la Confederazione non ha più potuto evitare una sostanziale riorganizzazione della protezione dello Stato, esercitando un maggiore controllo e rafforzando così la privacy delle persone sottoposte a sorveglianza.

Il secondo ambito in cui la protezione della sfera privata è stata ridotta di recente è quello del sistema fiscale. Rispetto ad altri Stati europei, in Svizzera il diritto fiscale si schiera tradizionalmente dalla parte dei contribuenti. Così l'imposta sul reddito non viene preventivamente detratta dallo stipendio, come invece accade abitualmente in altri sistemi fiscali, bensì calcolata solo in un momento successivo, sulla base di una dichiarazione delle imposte. Per tutto il XX secolo l'evasione fiscale è stata un fenomeno relativamente diffuso in Svizzera, non da ultimo a causa delle sanzioni minime e della protezione garantita dal segreto bancario. La Confederazione ha concesso più volte un'amnistia fiscale per incoraggiare i contribuenti a dichiarare a posteriori i beni occultati, permettendo loro di autodenunciarsi per attività finanziarie non dichiarate senza venire puniti. Dopo l'amnistia del 1945 i capitali accertati sono aumentati del 28%, mentre dopo quella del 1969 del 25%: l'evasione fiscale si era praticamente convertita in uno sport nazionale. Questo stato di cose è cambiato soltanto negli ultimi decenni grazie alle pressioni internazionali esercitate sia dall'UE che dall'OCSE (Organizzazione per la cooperazione e lo sviluppo economico): nell'ambito degli accordi bilaterali con l'UE e tramite l'adozione degli standard

Intorno al 1900, chiunque avesse un comportamento non in linea con l'immagine della società dell'epoca poteva facilmente rimanere vittima di misure disciplinari da parte delle autorità. Le e i giovani venivano assistite e assistiti in istituti educativi, come per esempio in questo «Asilo per ragazze disonorate e pentite», in cui l'educazione al lavoro svolgeva un ruolo essenziale. La sfera privata delle ospiti non era quasi mai rispettata.

Giorno di bucato al Magdalenenheim, Zurigo, ca. 1900 | Stiftung Hirslanden Sozialpädagogisches Zentrum für junge Frauen, Zurigo

dell'OCSE – in particolare per quanto riguarda lo scambio automatico di informazioni – la Svizzera ha infatti limitato notevolmente la possibilità di ricorrere a scappatoie fiscali, soprattutto agli evasori fiscali stranieri. Di fatto la protezione garantita dal segreto bancario ha smesso di esistere. Negli ultimi decenni è quindi diventato più difficile invocare il diritto alla privacy per sfuggire al fisco.

L'istruzione costituisce il terzo ambito in cui le autorità statali hanno violato in modo sistematico la sfera privata del cittadino oppure permesso che tali violazioni si verificassero. Nel XIX e nel XX secolo i collocamenti extrafamiliari di bambini, adolescenti e adulti in istituti e stabilimenti penali erano spesso accompagnati da violazioni

Il piccolo registratore a nastro Nagra SN, prodotto dall'azienda svizzera Kudelski e dotato di un'eccellente qualità del suono, viene utilizzato dalla polizia svizzera. Fino alla fine degli anni Settanta è stato fornito anche ai servizi segreti americani della CIA per registrazioni segrete.

Kudelski, magnetofono spia, registratore a nastro Nagra SN, 1973 | Museo nazionale svizzero dell'integrità delle allieve e degli allievi e delle detenute e dei detenuti, tra le quali si annoveravano non da ultimo pubblici e umilianti rituali punitivi, come ad esempio la prassi diffusa di costringere i cosiddetti «piscialetto» a mostrare e lavare la propria biancheria sporca di fronte a tutte le altre alunne e a tutti gli altri alunni. La sfera privata delle vittime è stata calpestata anche nei casi di aggressioni e violenze a sfondo sessuale avvenute in molti istituti e stabilimenti di detenzione, con conseguenze traumatiche gravi per le persone colpite. Anche in questo caso sono state le organizzazioni internazionali a richiedere una maggiore tutela giuridica delle vittime e della loro integrità fisica e psicologica. L'adesione della Svizzera alla Convenzione europea dei diritti dell'uomo nel 1974 ha portato, pochi anni dopo, all'abolizione delle leggi sugli internamenti amministrativi. Anche la Convenzione ONU sui diritti dell'infanzia, approvata nel 1989, ha fatto sì che oggi si presti maggiore attenzione ai diritti dei bambini nella teoria e nella prassi.

Infine, le innovazioni tecniche presentano una sfida costante alla protezione della sfera privata. Il vecchio segreto postale è stato applicato, dopo l'introduzione del telegrafo e del telefono, anche ai nuovi mezzi di comunicazione. A partire dagli anni Sessanta del secolo scorso, la politica ha ripetutamente cercato di rispondere alle sfide poste dalle nuove tecnologie di sorveglianza, nel tentativo di garantire la privacy del cittadino. All'epoca al centro dei dibattiti si trovavano i dispositivi d'intercettazione telefonica miniaturizzati e le microcamere, poi la videosorveglianza negli spazi pubblici, ora la protezione dei dati e della privacy nel mondo dei social media. La tutela della sfera privata ha assunto una dimensione radicalmente nuova con la digitalizzazione: oggigiorno, infatti, la questione della privacy non riguarda più soltanto le tensioni tra cittadine, cittadini e Stato, ma anche il potere delle imprese tecnologiche internazionali.

Tutti gli **Svizzeri** sono uguali innanzi alla **legge**

Cst. 1848, art. 4

La prima volta che gli ebrei svizzeri ottennero la cittadinanza

Con la revisione della Costituzione federale del 1874 vennero meno le ultime riserve sull'ottenimento della cittadinanza da parte degli ebrei; un ebreo residente in Svizzera poteva dunque inoltrare una domanda di naturalizzazione in tutti i Cantoni. Tutti i cittadini di sesso maschile, non importa di quale religione, ottennero il diritto di voto e di eleggibilità e dovevano essere trattati dall'amministrazione pubblica e in sede di giudizio esattamente come gli abitanti nativi: la confessione religiosa e l'origine del singolo non avevano più nessuna importanza per la cittadinanza comunale.

Gli articoli 49 e 50 della Costituzione federale del 1874 sancivano inoltre la libertà di praticare la propria fede. Per la prima volta tutti gli abitanti potevano organizzarsi in associazioni religiose senza alcun impedimento. Venivano finalmente a unirsi due gruppi di appartenenza rimasti fino ad allora distinti, quello dei «cittadini svizzeri» e quello «degli individui di fede ebraica», oppure, come si diceva più spesso all'epoca, «di fede israelitica». Questo, almeno, era quanto contenuto nel testo della Costituzione.

I cittadini svizzeri si erano mostrati assai riluttanti a condividere i propri diritti di cittadinanza con gli ebrei; altri Stati europei, invece, avevano messo in atto l'idea di «emancipare gli ebrei» molto prima. Si potrebbe supporre che un più lento processo democratico di riconoscimento dei diritti degli ebrei avrebbe prodotto un miglior risultato, ossia un legame evidente tra il testo costituzionale e la vita quotidiana; di fatto, però, esisteva ancora una notevole discrepanza tra la parola scritta e il suo significato. Quanto sarebbe stata disposta la cittadinanza a conciliare le diverse esigenze? Oppure i nuovi cittadini avrebbero dovuto semplicemente adeguarsi alla situazione esistente?

Il medico Gustav Gabriel Valentin (1810–1883) diventò professore dell'Università di Berna nel 1836 grazie alla sua fama internazionale di fisiologo. Poiché era ebreo, sino ad allora gli era stata negata una cattedra presso un'università tedesca. Già nel 1850 aveva ricevuto la cittadinanza dal Canton Berna, molto prima che gli ebrei ottenessero, nel 1874, la parità di diritti a livello federale.

Ritratto di Gustav Gabriel Valentin, stampa d'arte su carta | Mss.Mül. Gr.A.1290 | Burgerbibliothek, Berna

La concessione del diritto di cittadinanza alla popolazione ebraica era stata oggetto di dibattito sin dalla fondazione della Repubblica elvetica nel 1798. Sia l'esistenza di un principio generale di uguaglianza sia il testo costituzionale della Repubblica suggerivano che l'origine, la fede e il sesso non dovessero avere alcuna influenza sui diritti che spettano all'individuo. Contrariamente a quanto accaduto in Francia, in Svizzera il riconoscimento della popolazione ebraica a livello costituzionale fallì all'inizio del XIX secolo. Molti Cantoni avevano vietato alle ebree e agli ebrei di stabilirsi sul loro territorio, mentre alcuni altri avevano negato loro il diritto di rimanervi; le espulsioni, ripetute, avvenivano unicamente sulla base dell'appartenenza religiosa al giudaismo. I figli e le figlie dovevano trasferirsi all'estero per creare una famiglia. Alle famiglie ebree non era consentito di organizzarsi in un'associazione religiosa; quasi nessun Cantone consentiva la nomina di un rabbino. Tuttavia, ci sono eccezioni che confermano la regola: il Canton Berna concesse sì la cittadinanza a un accademico ebreo dell'università locale già nel 1850, ma la Città di Berna gli negò la cittadinanza comunale. Alcune famiglie economicamente benestanti ricevettero speciali permessi per stabilirsi a Basilea-Città in via permanente; al medesimo tempo, Basilea espelleva i mercanti facoltosi, che avevano lavorato a lungo in città anche senza essere in possesso di un permesso formale.

L'Impero tedesco concesse i pieni diritti di cittadinanza agli ebrei che, di conseguenza, erano tenuti a prestare servizio militare. Durante la guerra franco-prussiana del 1870–1871 si tenevano, sul campo, celebrazioni religiose per gli ebrei. La scena qui riprodotta, tratta dal ciclo di Moritz Daniel Oppenheim, non restituisce fedelmente l'evento storico accaduto nel campo militare nei pressi di Metz, ma vuole piuttosto trasmettere simbolicamente il valore dell'appartenenza nazionale.

Fazzoletto che commemora un servizio religioso ebraico in un campo militare nei pressi di Metz, 1870, panno | Jüdisches Museum Westfalen

הלא אב אחד לכלנו הלא אל אחד בראנו:
Haben wir nicht Alle einen Vater? Hat uns nicht Alle ein Gott geschaffen?
עבדת יום הכפורים תרל״א במחנה
אשר על פני מעץ:
Gottesdienst am Versöhnungstage im Lager vor Metz.
1870.

A differenza di quanto accadeva nei Paesi limitrofi di lingua tedesca e francese, in Svizzera il dibattito sui diritti degli ebrei rimaneva condizionato dall'immagine che si aveva di loro come «estranei» e immigrati: il termine «estraneo» veniva a volte usato in senso giuridico, altre per riferirsi a una differenza culturale, altre ancora al grado di parentela. Queste diverse riserve circa la natura «estranea» degli ebrei si erano rafforzate attraverso l'uso meramente retorico che ne veniva fatto, e soltanto raramente si era discusso se gli ebrei che abitavano in Svizzera potessero contribuire alla cittadinanza, benché non passassero del tutto inosservati e non potessero quindi essere considerati del tutto «assimilati».

Tra il 1852 e il 1855 il ritrattista e paesaggista Elie Wolf realizzò una serie di stampe sul servizio militare nel giovane Stato federale svizzero. Queste stampe, contenute nell'edizione bilingue pubblicata da suo fratello Georg Wolf, contribuirono a plasmare l'idea di un'unità federale basata sull'uniforme e il servizio militare. Nato e residente a Basilea, Georg Wolf fu eletto in Gran Consiglio dopo avere ottenuto la cittadinanza.

Elie Wolf, Georg Wolf, Zappatori intenti a preparare fascine, Basilea, 1852–1855, litografia su carta velina | Museo nazionale svizzero

La storia dell'emancipazione della popolazione ebraica europea viene discussa sulla base di due modelli. Il primo, seguito dalla Francia, era il modello rivoluzionario: ogni uomo acquisiva tutti i diritti e doveri civili senza riserve, e a partire da questa appartenenza alla nazione avrebbe dovuto scoprire anche scopi condivisi. Il secondo modello, scelto dalla Prussia, si basava su un principio educativo, secondo il quale una minoranza sociale veniva premiata con il miglioramento della propria condizione giuridica qualora si integrasse nella società maggioritaria. Mentre il primo modello valorizzava maggiormente i diritti fondamentali dell'individuo, il secondo teneva specialmente conto delle strutture sociali e giuridiche dell'ebraismo. Nella realtà, questi approcci si mescolavano: in Francia, per esempio, già in epoca napoleonica fu istituita per l'ebraismo francese un'organizzazione comunitaria statale, che amministrava gli stipendi di rabbini e insegnanti, mentre, sul versante tedesco, il Granducato di Baden fu fondata nel 1809 una struttura ecclesiale statale per gli «israeliti di Baden». Per quanto concerne il servizio militare generale, durante la guerra franco-prussiana del 1870–1871 i cittadini ebrei combatterono in entrambi gli schieramenti.

In Svizzera l'emancipazione ebraica non può essere ricondotta a nessuno di questi due modelli, poiché erano assenti elementi essenziali del riconoscimento di questa minoranza. La revisione della Costituzione del 1874 non aveva sostenuto l'esistenza della cultura nel Paese, e la fondazione della prima organizzazione nazionale ebraica, la Federazione svizzera delle comunità israelite, sarebbe avvenuta solo quarant'anni dopo. Furono inoltre a malapena

SCHWEIZERISCHE ARMEE.

ARMÉE SUISSE.

SAPEUR.

Nº 6.

Lith. G. Wolf in Basel.

Lo studioso Moritz Kayserling (1829–1905) fu un filologo e uno storico eclettico. Dal 1861 al 1870 svolse la funzione di rabbino nelle due comunità argoviesi di Endingen e Lengnau. Ai tempi delle lotte sul diritto di cittadinanza per la popolazione ebraica in Svizzera, si impegnò politicamente scrivendo articoli di giornale, discorsi e testi divulgativi.

Jolán Kayserling, ritratto di Moritz Kayserling, olio su tela | Hungarian Jewish Museum & Archives

discusse altre modifiche necessarie. Per esempio, come poteva funzionare il servizio militare obbligatorio per uno svizzero che non apparteneva a una Chiesa di Stato tradizionale? Quale giorno festivo sarebbe stato, in futuro, il giorno libero? Quali ingredienti sarebbero potuti entrare nella cucina da campo?

Nel 1874 la *Allgemeine Zeitung des Judentums* di Lipsia, il più importante organo informativo di lingua tedesca della borghesia ebraica liberale, non riportò nessuna notizia sull'emancipazione giuridica degli ebrei in Svizzera: era evidente che non ci fosse nulla da festeggiare. I corrispondenti raccontavano invece i problemi con cui la popolazione ebraica praticante era confrontata nella sua vita quotidiana in Svizzera. Era la nuova dichiarazione di guerra alla macellazione rituale, da parte dalle società svizzere per la protezione degli animali, a destare particolare preoccupazione: che cosa poteva mai valere la libertà religiosa, se già le regole alimentari potevano essere considerate come una trasgressione all'ordine morale generale? Il tema aveva alimentato già in precedenza sentimenti antisemiti. Nel 1867, Moritz Kayserling aveva redatto un documento che spiegava nel dettaglio la macellazione rituale: il rabbino argoviese aveva richiesto il parere di rappresentanti internazionali della medicina e della veterinaria, che avevano trovato innocuo questo metodo di macellazione. Nella prefazione al testo, Kayserling si richiama ai miti sulla libertà della nazione alpina, per incoraggiare l'apertura culturale:

«La Svizzera libera, la patria dei cacciatori di camosci, dove ogni anno si tengono così tante cacce e dove, anno dopo anno, vengono abbattuti migliaia di camosci, cervi e caprioli, è stata la prima a tentare di mettere limitazioni agli ebrei nell'esercizio del dovere religioso della macellazione rituale, con il pretesto che fosse una crudeltà inflitta agli animali».

L'impegno di Moritz Kayserling non fu sufficiente: le voci che si erano levate contro la tradizione ebraica della lavorazione della carne non furono scoraggiate dal principio costituzionale della libertà di religione e nel 1891 prepararono la prima iniziativa popolare della Confederazione, che portò all'introduzione del divieto della macellazione kosher che vige ancora oggi. Il risultato della votazione mostrò chiaramente che sarebbe stato necessario fare un'opera di convincimento ancora maggiore presso la popolazione, affinché il principio costituzionale della libertà religiosa potesse convertirsi in una realtà quotidiana.

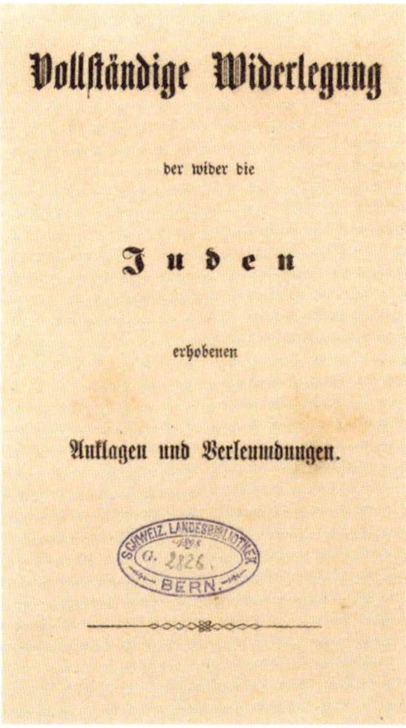

Vollständige Widerlegung

der wider die

Juden

erhobenen

Anklagen und Verleumdungen.

Scritta: Moritz Kayserling, Vollständige Widerlegung der wider die Juden erhobenen Anklagen und Verleumdungen, Baden, 1862 (Confutazione completa delle accuse e calunnie mosse contro gli ebrei)

Biblioteca nazionale svizzera

In procedimenti
dinanzi ad
autorità giudiziarie
… ognuno ha

diritto
alla **parità** ed **equità**
di **trattamento**

Cst. 1999, art. 29 al. 1

L'evoluzione delle garanzie procedurali nel diritto costituzionale federale

L'attuale Costituzione svizzera contiene, oltre ai diritti fondamentali dell'individuo, numerose garanzie procedurali, in particolare per quanto riguarda le procedure giudiziarie (articoli da 29 a 32). Prima del 1999, la maggior parte di questi diritti non erano sanciti in modo esplicito nella Costituzione svizzera: ciò non significa, tuttavia, che i tribunali non ne abbiano tenuto conto già in precedenza.

La Costituzione federale del 1848 menzionava a malapena garanzie procedurali e diritti fondamentali. Era ad esempio previsto che il Tribunale federale dovesse giudicare alcune cause penali – di cui facevano parte, in particolare, i delitti politici – mediante la partecipazione di una giuria. Le Corti delle Assise, che nel frattempo sono state abolite, erano considerate all'epoca come una garanzia per una buona amministrazione della legge, poiché in ultima analisi erano controllate dai cittadini, come accadeva da lungo tempo anche in Inghilterra e, dopo la rivoluzione, anche in Francia. La Costituzione garantiva inoltre a tutti l'accesso ai tribunali del proprio luogo di domicilio (articolo 53), con lo scopo di vietare la creazione di tribunali straordinari, come quelli che erano stati istituiti in alcuni Cantoni dopo i disordini politici degli anni Quaranta dell'Ottocento – come era avvenuto ad esempio in Vallese nel 1844. Dopo la disfatta dei liberali della «Giovane Svizzera» nella battaglia del Trient, infatti, i conservatori vittoriosi avevano creato un tribunale straordinario – il tribunale centrale – che giudicava in materia di reati politici, reprimendo così l'opposizione.

In seguito, è stato l'articolo 4 della Costituzione federale a ricoprire un ruolo importante nell'elaborazione delle garanzie procedurali. In origine l'articolo doveva garantire soprattutto l'uguaglianza politica, assicurando il rispetto dei diritti civici, che in linea di massima spettavano a tutti i cittadini di sesso maschile.

La Costituzione federale del 1874 ha ampliato di poco la lista dei diritti procedurali, tuttavia ha trasformato il Tribunale federale in un'istituzione permanente, che giudica le violazioni dei diritti costituzionali dei cittadini, una competenza che fino ad allora era stata riservata al Consiglio federale e all'Assemblea federale.

A partire dal 1877 il Tribunale federale ha, per esempio, riconosciuto quale diritto fondamentale la possibilità, da parte dei cittadini, di intraprendere azioni legali, proclamando che il rifiuto da parte delle autorità di fornire giustizia ai cittadini viola il principio della parità di trattamento. Negli anni seguenti il Tribunale federale ha desunto dall'articolo 4 anche il divieto di emettere sentenze arbitrarie, per il

Il 25 maggio 1844 avviene un massacro nei pressi di Trienbach, in Vallese, dopo che i liberali, sull'onda delle spedizioni dei Corpi Franchi, hanno impugnato le armi contro il governo cattolico conservatore. I sopravvissuti vengono processati di fronte a un tribunale speciale: simili procedimenti giudiziari, condotti dalle autorità, vengono vietati dalla Costituzione federale del 1848.

Martin Disteli (attribuito a), Il combattimento di Trient, 1844, litografia | Museo nazionale svizzero

quale le decisioni che corrispondono a un rifiuto di applicare la legge devono essere interpretate come una violazione del diritto costituzionale. Qualche tempo dopo, il Tribunale federale ha addirittura stabilito che una parte indigente ha diritto a una procedura gratuita, derivando questa garanzia procedurale dal principio della parità di trattamento, e che l'accesso a un tribunale o l'assunzione di determinate prove non devono essere negati a tale parte indigente poiché essa non è in grado di farsi carico dei costi.

A poco a poco, il Tribunale federale ha concesso alle parti il diritto di essere ascoltate – in particolare nelle procedure civili e penali – prima che venga emessa una decisione che le riguarda. Tale diritto

Il liberale tedesco Ludwig Snell arriva in Svizzera in qualità di rifugiato politico. È stato lui a introdurre, il principio per il quale una persona accusata è da ritenersi innocente finché non viene condannata. Il principio della presunzione di innocenza è assente nella Costituzione federale del 1848.

Carl Friedrich Irminger, ritratto di Ludwig Snell, Zurigo | Museo nazionale svizzero

presuppone che gli accusati possano esaminare i documenti procedurali e in particolare quelli da cui si può desumere l'identità dei testimoni che sono stati interrogati. La Corte suprrema ha pure richiamato l'attenzione sul fatto che un accusato non può essere giudicato se non è stato invitato in modo legalmente valido al dibattimento, per potersi difendere. Di decisione in decisione, il Tribunale federale ha plasmato il diritto delle parti di essere ascoltate, sino a fargli acquisire la sua forma attuale, così come prevista dalla Costituzione federale del 1999 per qualsiasi procedimento giudiziario o amministrativo (articolo 29). Oggi questo diritto consente a tutte le parti coinvolte in una procedura giudiziaria di esprimersi su di essa prima di una sentenza, di esaminarne gli atti, di presentare prove rilevanti oppure di ricevere una motivazione del giudizio emesso.

Il Tribunale federale supplisce in parte alle carenze delle sentenze emesse dai Tribunali cantonali. In questo modo viene a crearsi una certa uniformità nel panorama composito della giurisprudenza svizzera. Fino al XXI secolo non esiste, in Svizzera, una maniera omogenea di condurre i processi.

Palazzo del Tribunale federale, album fotografico di Peter e Ruth Herzog, Losanna, agosto 1912 | Museo nazionale svizzero

A differenza delle Costituzioni del 1848 e del 1874, la Costituzione federale del 1999 contiene disposizioni che limitano l'azione dello Stato nelle cause penali: è questo il caso dell'articolo 31 sulla pri-

vazione della libertà e dell'articolo 32 sulla procedura penale, in cui viene stabilita, in particolare, la presunzione di innocenza. Questo principio è stato incorporato nel diritto costituzionale moderno a partire dalla fine del XVIII secolo, tra l'altro anche nella Dichiarazione dei diritti dell'uomo e del cittadino del 1789 (articolo 9). In Svizzera è stato il liberale tedesco Ludwig Snell, residente a Zurigo, a ispirarsi al diritto rivoluzionario francese e a inserire la presunzione d'innocenza nella sua bozza costituzionale pubblicata nel 1831. Alcuni Cantoni, tra cui Berna e Basilea-Città, avevano incluso il principio di presunzione di innocenza nelle proprie Costituzioni all'inizio degli anni Trenta dell'Ottocento, ma esso non era stato inserito nelle Costituzioni federali del 1848 e del 1874. Soltanto alla fine del XX secolo il Tribunale federale ha deliberato che il dubbio deve andare a favore dell'imputato – *in dubio pro reo*. All'epoca, tuttavia, questo principio era comunque già contenuto nella Convenzione europea dei diritti dell'uomo (CEDU) e nel Patto internazionale relativo ai diritti civili e politici, a cui la Svizzera ha aderito rispettivamente nel 1974 e nel 1992.

In questo modo il Tribunale federale, a partire soprattutto dal 1974, ha conciliato i principi della CEDU con le garanzie che aveva desunto dalla Costituzione federale. A partire dal 1978 ha poi dato a intendere che le garanzie della CEDU che concernono il diritto a un equo processo avrebbero superato, in materia di diritto a essere ascoltati in tribunale, la sua stessa giurisprudenza; così facendo, la Corte suprema svizzera ha riconosciuto per la prima volta che durante la procedura l'accusato deve avere almeno una volta la possibilità di assistere all'audizione dei testimoni che lo incriminano e di porre loro delle domante.

Come si può constatare, le Costituzioni federali del 1848 e del 1874 accordavano all'individuo garanzie procedurali assai modeste e il loro ampliamento è stato il prodotto di una giurisprudenza sempre più estensiva del Tribunale federale. A partire dagli anni Settanta del secolo scorso, inoltre, il diritto contrattuale ha spinto la Corte suprema svizzera a estendere questi diritti, che sono stati infine codificati, per la maggior parte, nella Costituzione federale del 1999.

Nel corso del XX secolo, la Svizzera è stata molto spesso condannata dalla Corte europea dei diritti dell'uomo per non avere garantito un equo processo, come è accaduto anche nel caso di Marlène Belilos, qui raffigurata con il suo avvocato davanti al Tribunale federale.

Marlène Belilos e Jean Lob davanti al Tribunale federale a Losanna, Actualités Suisses Lausanne, 27. 4. 1988 | Museo nazionale svizzero

Ogni persona
ha diritto alla

libertà d'espressione

CEDU, art. 10 al. 1

I diritti fondamentali nella Costituzione svizzera:

LA LIBERTÀ DI STAMPA, LA LIBERTÀ DI OPINIONE E LA LIBERTÀ ARTISTICA

Tra le principali rivendicazioni dell'Illuminismo figuravano la libertà di stampa e il diritto di esprimere liberamente la propria opinione. La Dichiarazione francese dei diritti dell'uomo e del cittadino del 1789 definisce la libera espressione dei pensieri e delle opinioni come «uno dei diritti umani più preziosi». La Costituzione della Repubblica elvetica del 1798, che i Cantoni furono perlopiù costretti ad accettare, si orientò a questo ideale e garantì per la prima volta sul territorio svizzero la libertà di stampa, benché la rigida censura esercitata dalle autorità continuasse a esistere in forme diverse. Fu soltanto a partire dagli anni Trenta dell'Ottocento che la libertà di stampa si fece strada, gradualmente e a livello cantonale, nelle Costituzioni dei Cantoni liberali.

Nr. 44. den 3. November 1825.

Der aufrichtige und wohlerfahrne

Schweizer-Bote

Aarau, bei H. R. Sauerländer.

Hausmannskost für Staats- und Landwirthe, die schlecht wirthen, zumal im schweizerischen Hochland.

Vorkost zur Hausmannskost.

Es lebt ein Biedermann im Schweizerland, der liebt sein Vaterland von ganzem Herzen, und opfert zum Besten desselben viel von seiner Zeit, seinen Kräften, seinem Vermögen auf, ohne alle Vergeltung — denn wie könnte er sonst ein Biedermann sein? Der wohnt in Unterseen, Kantons Bern, heißt Karl Kasthofer, und ist ein Oberforster seines Kantons, und nebenbei noch etwas mehr als das, wie alle Edeln des Schweizerlandes gar wohl wissen.

Zensur-Lücke.

So ungefähr dachte der weise und gute Kasthofer. Und er machte sich abermals auf, und reisete durch das Hochland unserer Schweiz, und sah Alles und beschrieb es, und ließ seine Bemerkungen im Druck ausgehen *) für alle Welt.

*) Die beiden Büchlein heißen: Bemerkungen auf einer Al-

A differenza di altri diritti fondamentali, la libertà di stampa è già sancita nella Costituzione federale del 1848 con l'abolizione della la censura. Per i «padri fondatori», di orientamento liberale, è importante che i cittadini possano farsi una propria opinione sugli eventi politici.

Brani censurati, Schweizer Bote, n. 44, Aarau, 3.11.1825, p. 1 | Bayerische Staatsbibliothek München, Monaco di Baviera

La libertà di stampa è stata inclusa nella Costituzione federale del 1848 come «diritto federale fondamentale» sin dall'inizio, con l'obiettivo di proteggere la stampa nella sua funzione di luogo di scambio democratico e di limitare gli effetti dei provvedimenti censori dei Cantoni. Rimanevano in vigore disposizioni penali contro l'abuso di tale libertà. Nel corso della Prima e della Seconda guerra mondiale la libertà di stampa fu ridotta, mentre la sorveglianza da parte dello Stato di intellettuali e artisti durante la Guerra fredda e durante i movimenti politici, come le rivolte giovanili degli anni Ottanta del secolo scorso, ebbe un effetto restrittivo sulla libertà di opinione.

Che cosa proteggeva esattamente la libertà di stampa *ab origine*? La protezione era accordata soltanto a prodotti di stampa meccanica, che pubblicavano dichiarazioni «al servizio della collettività» oppure teorie generalmente accettate, mentre le opinioni che non erano riconducibili a questa categoria non erano protette. Il Tribunale federale ha riconosciuto la libertà di espressione quale diritto fondamentale non scritto, a complemento della Costituzione scritta, solo nel 1961; e, in una sentenza emessa poco dopo, ha posto sotto l'egida della libertà di espressione anche la cinematografia. La libertà di stampa è stata quindi il punto di svolta nella formulazione di un diritto più ampio, che tutelasse la libertà di parola, rappresentando in tal modo un esempio eloquente della vitalità della Costituzione federale svizzera.

Nella seconda metà del XX secolo il potere degli inserzionisti sulle giornaliste e sui giornalisti è stato sempre più criticato. Per quanto riguarda la televisione e la radio, lo Stato ha detenuto fino agli anni Ottanta un monopolio che gli è stato tolto anche grazie alla pressione delle manifestazioni popolari.

Gertrud Vogler, Manifestazione per la libertà di stampa, Münsterhof di Zurigo, 8.8.1980 | F 5107-Na-10-043-021 | Schweizerisches Sozialarchiv, Zurigo

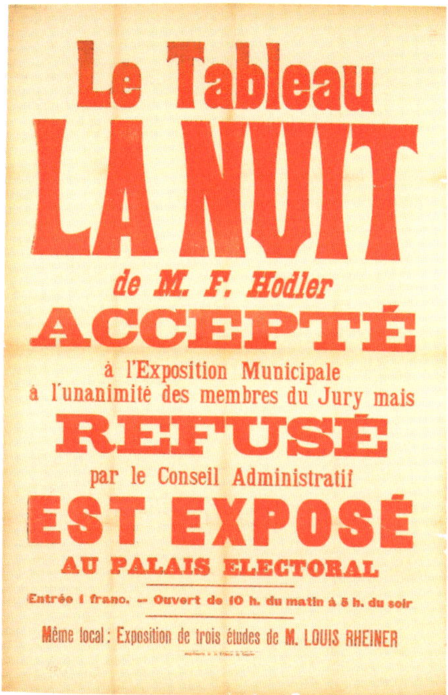

Il dipinto *La notte* di Ferdinand Hodler è stato presentato nel 1891 in occasione dell'inaugurazione di una mostra nella città di Ginevra. In seguito il Consiglio comunale di Ginevra ha fatto rimuovere il dipinto per «motivi morali». L'immagine può essere vista altrove per un franco.

Ferdinand Hodler, Le Tableau La Nuit, Ginevra, 1891, carta su cartone | Ca 1121 | Bibliothèque de Genève

Anche in Svizzera il catalogo dei diritti fondamentali continua a svilupparsi grazie al dialogo tra la società civile, i tribunali e la giurisprudenza, e può quindi generalmente fornire una risposta adeguata ai mutamenti di tipo tecnico e sociale. Il trattamento della libertà artistica offre un esempio particolarmente significativo dello sviluppo dei diritti fondamentali. Né la Costituzione federale del 1848 né quella del 1874 regolamentavano la protezione della libertà dell'arte. A partire dal XIX secolo, tuttavia, i tribunali hanno sviluppato un proprio modo originale di trattare i rapporti con l'arte attraverso la giurisprudenza, mostrando molto presto di essere pronti a tenere in debito conto la speciale posizione ricoperta dall'arte nella società, nonché il suo contributo alla creazione della diversità culturale e del discorso democratico. Nel XX secolo, messo a confronto con la rigida censura della cinematografia operata dai Cantoni, il Tribunale federale ha intensificato questa giurisprudenza, il che ha portato a riconoscere la libertà artistica come un diritto fondamentale dotato di una sua autonomia.

La giurisprudenza della Corte costituzionale federale tedesca che seguì alla devastante politica artistica del nazionalsocialismo è stata determinante nel processo di codificazione della libertà artistica in quanto diritto fondamentale in Svizzera. Significative a questo proposito sono state anche la protezione accordata ai diritti umani nelle convenzioni internazionali e la giurisprudenza della Corte europea dei diritti dell'uomo (Corte EDU). A oggi, la sentenza di principio della Corte EDU nella causa «Müller contro la Svizzera» del 1988 è considerata decisiva per la protezione della libertà artistica. Il caso verteva sul trittico *Drei Nächte – drei Bilder* dell'artista Josef Müller, esposto a Friburgo nel 1981, che raffigura atti sessuali: con la sua sentenza, la Corte di Strasburgo ha confermato che il diritto alla libertà di opinione protegge anche l'espressione artistica.

Fino agli anni Settanta del secolo scorso il cinema è stato talvolta soggetto a severe misure censorie nei diversi Cantoni. A seguito di una segnalazione da parte di una persona che aveva letto soltanto la descrizione del film, nel 1974 viene vietata la proiezione di *Pink Flamingos* nel Canton Zurigo.

John Waters, Pink Flamingos, manifesto cinematografico, USA, 1972 | Keystone

La Costituzione federale attualmente in vigore garantisce diversi diritti fondamentali in materia di comunicazione: l'articolo 16 sulla libertà di opinione esprime in modo generale l'idea di una comunicazione libera, mentre gli articoli dedicati a specifici diritti legati alla comunicazione stabiliscono come tali diritti vadano tutelati in ambiti specifici: si vedano ad esempio l'articolo 17 sulla libertà dei media, l'articolo 20 sulla libertà della scienza oppure l'articolo 21 sulla libertà dell'arte.

La libertà d'opinione è considerata il caposaldo di un ordinamento costituzionale democratico, in quanto protegge il diritto di ognuno di formare liberamente la propria opinione e di partecipare alla discussione pubblica su questioni politiche, sociali e culturali. Tale diritto fondamentale dà così spazio al bisogno degli uomini di interagire con gli altri, il che è utile all'individuo anche per sviluppare la propria personalità. Lo scambio libero e pubblico di idee e opinioni rende possibile l'esistenza di una società composita e vivace. In questo contesto risulta essenziale l'accettazione del fatto che, in una democrazia, sono tutelate anche quelle opinioni che possono essere percepite come sbagliate o perturbanti; ciò si basa su due presupposti, ovvero che le verità assolute sfuggono all'intelletto umano e che le conoscenze di una società sono in costante evoluzione. Una discussione aperta sulle diverse posizioni, così come la tolleranza nei confronti di chi la pensa diversamente e delle critiche formulate dall'opinione pubblica, rappresentano i presupposti necessari affinché le persone possano svilupparsi liberamente e le comunità politiche possano continuare a evolversi. I diritti fondamentali in materia di comunicazione sono perciò considerati come «un ossigeno indispensabile alla democrazia».

Jean Pierre JACKSON présente une sélection NEW LINE International
Pink Flamingos
AN EXERCISE IN POOR TASTE
"Pink Flamingos" is the sickest movie ever made. And one of the funniest." —Interview
"The nearest American film to Bunuel's Andalusian Dog." —New York Magazine
Starring: DIVINE David Lochary Mary Vivian Pearce Mink Stole and introducing Danny Mills
Directed by John Waters in color from Saliva Films

Oltre al sesso esplicito, ciò che ha portato a censurare questa immagine per blasfemia è stata la rappresentazione di una deposizione di Cristo moralmente riprovevole. Nel 1981 il governo friburghese ha sequestrato tutte e tre le immagini che compongono questa serie di Josef Felix Müller e l'artista ha inoltrato un ricorso alla Corte europea affinché gli fossero restituite. Poco prima che venisse emessa una sentenza, le immagini sono state dissequestrate: la Svizzera è così sfuggita per un soffio a una condanna.

Josef Felix Müller, prima immagine del trittico *Drei Nächte – drei Bilder*, 1981, dispersione su cotone | Josef Felix Müller

La libertà di opinione tutela l'intero processo comunicativo, dalla produzione degli enunciati alla loro diffusione e ricezione. Tutte le forme di espressione – conversazioni, pubblicazioni, opere d'arte, manifestazioni oppure gesti simbolici – sono protette. Tra le misure a salvaguardia della libertà di espressione vi è inoltre quella che vieta la censura: tale divieto trova il suo fondamento nella diffidenza nei confronti di ogni opinione imposta dallo Stato o da qualsivoglia autorità e si basa sull'ipotesi che le posizioni ritenute meno convincenti vengano relativizzate all'interno del dibattito pubblico. Già nel 1893 il Tribunale federale ha riconosciuto tramite una sentenza il principio secondo il quale, facendo affidamento sulla capacità di giudizio delle cittadine e dei cittadini, non solo le teorie date per vere, ma pure quelle ritenute false sono tutelate dai diritti fondamentali. Il Tribunale federale ha inoltre accordato una protezione particolarmente forte a coloro che criticano l'amministrazione pubblica e alle manifestazioni politiche. Generalmente lo Stato non può impedire a nessuno di esprimere la propria opinione. Questo diritto, tuttavia, non può essere fatto valere in modo assoluto: esso può venire talvolta limitato qualora altri diritti protetti dalla legge, come quelli che riguardano il corpo, la vita e la personalità di terzi, fossero violati gravemente. Per tutelare la dignità umana è per esempio vietato diffondere dichiarazioni razziste.

Lo Stato non è solo tenuto a rispettare e a proteggere la libertà di comunicazione, ma deve anche adottare misure concrete, come la promozione di tale libertà, l'educazione o la legislazione, affinché le persone siano messe nella condizione di poterla effettivamente esercitare. Il dovere di assicurare queste condizioni di base è di grande importanza a livello pratico, come dimostra la promozione delle arti e dei media. Il sostegno offerto dallo Stato ai mezzi di comunicazione garantisce la diversificazione del panorama mediatico, un presupposto necessario al buon funzionamento di una democrazia; il sostegno finanziario alle arti consente invece agli artisti di lavorare liberamente e di sperimentare così nuove idee e di introdurle nel dibattito pubblico senza che i gusti del mercato artistico le limitino. Lo Stato non può influenzare in nessun modo il contenuto delle arti che promuove. La politica culturale della Difesa spirituale, che si era istituzionalizzata durante la Seconda guerra mondiale, potrebbe aver avuto un impatto sulla libertà artistica ancora maggiore di quanto ritenuto sinora. Ciò risulta evidente se si considera, per esempio, la prassi di porre sotto sorveglianza statale gli artisti, come è dimostrato dalla scheda compilata dalla Polizia federale su Max Frisch. Soltanto a partire dagli anni Settanta del secolo scorso la cosiddetta democratizzazione della politica culturale ha fatto sì che prevalesse il concetto di libertà artistica anche nell'ambito della promozione della cultura; sino a oggi rimangono però in qualche misura presenti tendenze che mirano a influenzare la produzione artistica. Ne è un esempio eminente il cosiddetto «Affare Hirschhorn», che ha visto l'Assemblea federale decurtare il bugdet di Pro Helvetia di un milione di franchi svizzeri per aver finanziato una mostra dell'artista Thomas Hirschhorn.

Proteggere la libertà di espressione in rete e far sì che tale protezione sia garantita risulta oggigiorno particolarmente impegnativo, poiché le opinioni vengono espresse in genere su potenti piattaforme private, come Facebook o Twitter, i cui proprietari non sono vincolati dai diritti fondamentali. Incombe agli Stati adottare misure di protezione adeguate; al contempo, i proprietari dei social media sono tenuti a tollerare dichiarazioni che possono essere anche provocatorie o scioccanti sulle proprie piattaforme e a prendere provvedimenti solo in casi eccezionali, per esempio in caso di incitamento all'odio e alla violenza.

La Confederazione e i Cantoni rispettano il diritto internazionale

Cst. 1999, art. 5 al. 4

L'europeizzazione della Costituzione federale svizzera

Quando si parla di «europeizzazione» si pensa inevitabilmente all'Unione europea (UE). Oltre che nell'UE, tuttavia, l'Europa si è istituzionalizzata in numerose altre organizzazioni internazionali, come il Consiglio d'Europa con i suoi quarantasei Stati membri, di cui fa parte anche la Svizzera. Nel corso degli ultimi sessant'anni l'appartenenza della Svizzera al Consiglio d'Europa ha lasciato tracce evidenti, soprattutto nella Costituzione federale.

Tensioni costituzionali

Già il preambolo della Costituzione federale attualmente in vigore rende manifesto come la Svizzera si consideri un partner consapevole delle proprie responsabilità, che opera all'interno di un mondo connesso a livello internazionale. La Confederazione deve rinnovarsi costantemente «al fine di rafforzare la libertà e la democrazia, l'indipendenza e la pace, in uno spirito di solidarietà e di apertura al mondo». Questa dichiarazione di solidarietà da parte della Svizzera non si spinge tuttavia fino a esplicitare la precedenza del diritto internazionale nella Costituzione federale. L'articolo 5 si limita a obbligare la Confederazione e i Cantoni a rispettare il diritto internazionale, che di norma però non pone limiti al diritto d'iniziativa. L'Assemblea federale ha il dovere di dichiarare nulla un'iniziativa popolare soltanto qualora questa violi disposizioni cogenti del diritto internazionale. Il fatto che un'iniziativa sia in contraddizione con la Convenzione europea dei diritti dell'uomo (CEDU) non è sufficiente, in genere, perché l'Assemblea federale possa rifiutarla: per questa ragione la riuscita di diverse iniziative popolari che secondo la CEDU presentavano criticità – come quella sull'internamento a vita per criminali sessuomani o violenti nel 2004, quella contro l'edificazione dei minareti del 2009 o quella per l'espulsione degli stranieri del 2010 – sono state all'origine di modifiche della Costituzione federale. Queste tensioni tra i diritti della democrazia diretta e lo standard europeo e internazionale dei diritti fondamentali non sono state risolte dall'adozione della nuova Costituzione federale del 1999 e restano uno dei grandi problemi della Svizzera sul piano costituzionale.

Lo standard europeo dei diritti fondamentali

Nel 1963 la Svizzera ha aderito al Consiglio d'Europa, ultimo tra gli Stati occidentali, e nel 1974 ha ratificato la CEDU, facendo un primo passo verso l'europeizzazione dei diritti fondamentali in Svizzera. Alla vigilia di questa ratifica la Svizzera ha dovuto introdurre il suffragio femminile e, riconoscendo la CEDU, si è sottoposta alla giurisdizione della Corte europea dei diritti dell'uomo (Corte EDU). Benché alla fine degli anni Sessanta paresse certo che la Svizzera non sarebbe mai stata nella posizione di essere condannata, poiché lo standard svizzero dei diritti fondamentali avrebbe soddisfatto queste minime richieste, la storia futura avrebbe dimostrato proprio il contrario. Negli anni seguenti, infatti, Strasburgo ha continuato a emettere sentenze di rimprovero nei confronti della Svizzera.

Spesso le sentenze concernevano i diritti procedurali. In Svizzera esisteva, a quel tempo, una moltitudine di regolamenti di procedura: ogni Cantone aveva pertanto i propri codici di procedura civile e penale, che non sempre rispettavano gli standard europei. Per citare un esempio, nei processi penali autorità requirente e autorità giudicante non erano sempre distinte, in quanto il procuratore prendeva spesso decisioni nel merito in prima persona. La Corte EDU interveniva anche perché la Svizzera addebitava i costi processuali agli imputati che erano stati assolti, facendo leva sul motto «non basta per condannarvi, però dovete comunque pagare un poco», il che non era però compatibile con la presunzione di innocenza. All'epoca, inoltre, la protezione giuridica per diverse procedure di minore importanza era ancora limitata; alcune multe non potevano essere contestate in nessun tribunale, una situazione non conforme alla CEDU.

Il Consiglio federale prevede di sottoscrivere la Convenzione europea dei diritti dell'uomo con riserva, motivata dall'assenza del suffragio femminile. Le proteste di numerose associazioni femminili contro questo tipo di adesione accelerano l'elaborazione di un secondo progetto di legge. Per la votazione nel Canton Zurigo il comitato di iniziativa punta su sostenitori uomini, come l'ex sindaco Emil Landolt. La campagna è guidata dalla «ragazza-immagine» Doris Gisler Truog (in piedi nella fotografia).

Comet Photo AG, campagna per il suffragio femminile, Zurigo, novembre 1970 | Com_L19-0681-0005-0001 | ETH-Bibliothek Zürich, Bildarchiv

Negli anni Ottanta e Novanta lo sviluppo di una composita giurisprudenza da parte della Corte EDU ha contribuito a rafforzare ulteriormente e a perfezionare i diritti fondamentali in Svizzera. Il testo della vecchia Costituzione federale del 1848 e del 1874 non era più a passo con i tempi. Non risulta quindi sorprendente che il catalogo dei diritti fondamentali contenuto nella nuova Costituzione federale del 1999 si sia ampliato in maniera sostanziale, orientandosi sia al testo della CEDU sia alla giurisprudenza della Corte EDU; in questo contesto, la protezione giuridica è migliorata significativamente. I diritti procedurali sono inoltre regolati da tre nuove disposizioni: una sulla garanzia procedurale generale (articolo 29), una sulla garanzia specifica per le procedure giudiziarie (articolo 30) e una circa le garanzie previste in caso di privazione della libertà (articolo 31). Quest'ultima è particolarmente importante e segue la giurisprudenza della Corte EDU per rispondere a domande come le seguenti: in quali casi può essere disposta la custodia cautelare? Quanto può durare? Quando e in quale forma devo essere informato dei reati dei quali sono accusato? Quando posso avvertire la mia difesa?

Dopo la Seconda guerra mondiale dieci Stati dell'Europa occidentale fondano il Consiglio d'Europa, che elabora la Convenzione europea dei diritti dell'uomo (CEDU). Nel novembre del 1950 gli Stati membri del Consiglio d'Europa, diventati nel frattempo quattordici, sottoscrivono la CEDU, che verrà ratificata dalla Svizzera nel 1974.

Convenzione per la salvaguardia dei diritti dell'uomo e delle libertà fondamentali, Roma, 1950, prima doppia pagina con i sigilli dei Paesi firmatari | Consiglio d'Europa, Strasburgo

Ill. alle pp. 58 – 59

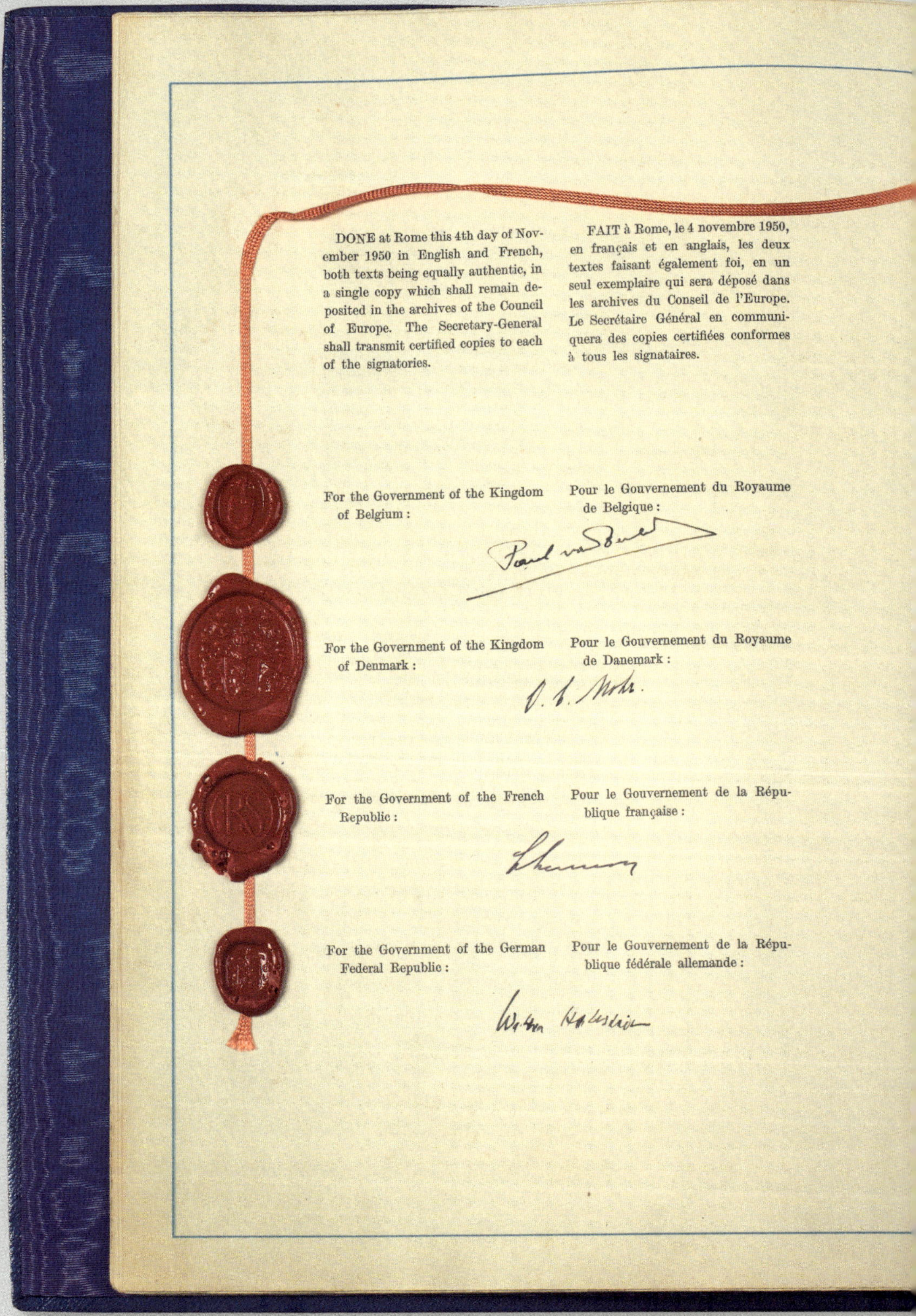

DONE at Rome this 4th day of November 1950 in English and French, both texts being equally authentic, in a single copy which shall remain deposited in the archives of the Council of Europe. The Secretary-General shall transmit certified copies to each of the signatories.

FAIT à Rome, le 4 novembre 1950, en français et en anglais, les deux textes faisant également foi, en un seul exemplaire qui sera déposé dans les archives du Conseil de l'Europe. Le Secrétaire Général en communiquera des copies certifiées conformes à tous les signataires.

For the Government of the Kingdom of Belgium:

Pour le Gouvernement du Royaume de Belgique:

For the Government of the Kingdom of Denmark:

Pour le Gouvernement du Royaume de Danemark:

For the Government of the French Republic:

Pour le Gouvernement de la République française:

For the Government of the German Federal Republic:

Pour le Gouvernement de la République fédérale allemande:

For the Government of the Icelandic Republic :

Pour le Gouvernement de la République islandaise :

For the Government of the Irish Republic :

Pour le Gouvernement de la République irlandaise :

For the Government of the Italian Republic :

Pour le Gouvernement de la République italienne :

For the Government of the Grand Duchy of Luxembourg :

Pour le Gouvernement du Grand-Duché de Luxembourg :

For the Government of the Kingdom of the Netherlands :

Pour le Gouvernement du Royaume des Pays-Bas :

For the Government of the Kingdom of Norway :

Pour le Gouvernement du Royaume de Norvège :

A partire dal 1974 i diritti umani garantiti dalla CEDU possono essere rivendicati in questa corte a Strasburgo, anche dalle svizzere e dagli svizzeri. Dal 1995 la Corte si riunisce in questo edificio costruito dall'architetto Richard Rogers, che visto dall'alto ha la forma di una bilancia.

Christian Beutler, Corte europea dei diritti dell'uomo, Strasburgo, 24.10.2018 | Keystone

Con la riforma della giustizia dell'anno 2000 si è affermata anche la convinzione che la grande frammentazione del diritto in ventisei codici cantonali di procedura penale e civile comporti ingenti costi in termini di tempo e denaro per quelle cittadine e quei cittadini che desiderano avviare un procedimento giudiziario, rendendo loro difficile, pertanto, far valere i propri diritti. Di conseguenza alla Confederazione è stata attribuita la competenza di uniformare i codici di procedura, per i quali la giurisprudenza della Corte EDU aveva già preparato il terreno. Oggi la Svizzera dispone di un codice di procedura civile e penale valido a livello federale, in cui sono sanciti diritti fondamentali come il divieto di utilizzazione di prove acquisite illegalmente e il diritto alla difesa d'ufficio.

Il silenzio sull'UE

Dopo aver respinto l'adesione allo Spazio economico europeo (EEE) nel 1992, la Svizzera ha dovuto cercare nuovi modi di allinearsi con la politica europea: sorprende pertanto che nessuna disposizione sull'UE sia confluita nella Costituzione federale del 1999. Il silenzio è stato tuttavia una scelta consapevole: a livello politico non è stato possibile accordarsi su un articolo che regoli i rapporti futuri con l'Europa. Questa questione fondamentale è pertanto rimasta senza risposta, lasciando un vuoto che ha avuto ripercussioni sino a oggi, poiché le relazioni della Svizzera con l'UE non poggiano ancora su basi solide dopo il fallimento dell'accordo quadro con l'Unione europea.

All'inizio degli anni Novanta si delinea la volontà della Comunità economica europea (CEE) di collaborare maggiormente e, per tutta risposta, nella Svizzera tedesca si forma presto una resistenza nazionalista. Elvezia si oppone violentemente all'idea di appartenere alla CEE, che sarebbe poi diventata l'UE.

Raymond Burki, Le Divorce, 1. 6. 1990 | Fondation du Trait

Ognuno ha il diritto di scegliere liberamente la propria

religione

e le proprie

convinzioni filosofiche

e di professarle individualmente o in comunità

Cst. 1999, art. 15 al. 2

La libertà di chi? La controversia sul velo islamico in Svizzera

La Svizzera si considera uno Stato laico, che garantisce costituzionalmente la libertà di religione; essa si basa sulla neutralità dello Stato. Al medesimo tempo, la separazione della sfera privata da quella pubblica costituisce il caposaldo sociopolitico dei diritti fondamentali garantiti dalla Costituzione. Sono questi diritti fondamentali che, a loro volta, obbligano lo Stato, come scrivono Mader e Schinzel, «a limitare le possibilità individuali di svilupparsi liberamente soltanto nella misura in cui ciò sia adeguato, necessario e accettabile a livello personale nell'interesse superiore della società, ovvero nell'interesse ‹pubblico›». Viceversa, lo Stato deve impedire che, con il pretesto della libertà di religione, vengano adottate pratiche discutibili, che limitano gli altri diritti degli individui o danneggiano gli individui stessi.

Dal punto di vista della giurisprudenza la religione è «l'espressione di un atteggiamento personale verso il divino o, rispettivamente, verso il trascendente» e, pertanto, una questione che *in primis* è puramente privata. È tuttavia difficile tracciare un confine netto tra sfera pubblica e sfera privata, poiché tra loro si instaurano molteplici e reciproche relazioni. Per esempio, qualora si rendesse manifesta una confessione religiosa o l'appartenenza a una comunità religiosa, la propria religione verrebbe percepita anche dalle altre persone, divenendo di conseguenza un fatto pubblico. Viene così a crearsi un certo margine di interpretazione per discussioni a carattere giuridico, che sono influenzate da sviluppi e discorsi storici e sociopolitici.

A partire dagli anni Settanta del secolo scorso, la Svizzera si è trasformata da Paese prevalentemente cristiano in un Paese caratterizzato da un pluralismo religioso. Mentre il numero di membri delle Chiese nazionali diminuiva, era in continua crescita sia quello di coloro senza appartenenza religiosa, sia quello di coloro che appartenevano alle Chiese libere e alle comunità religiose non cristiane.

Evoluzione del paesaggio religioso in Svizzera
Popolazione residente permanente di 15 anni o più

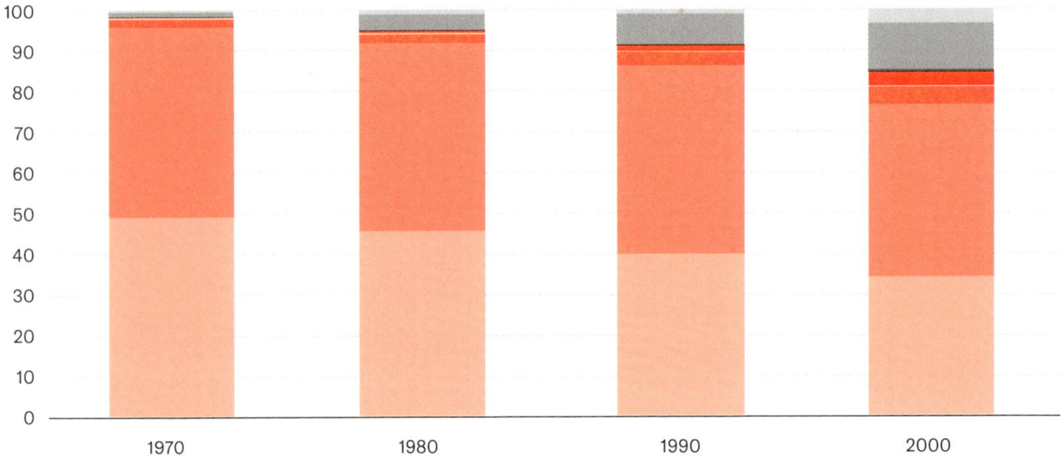

Le comunità musulmane hanno registrato l'incremento maggiore, passando dallo 0,3% circa nel 1970 al 5,4% nel 2020. Nei dibattiti pubblici, a seguito della caduta del muro di Berlino, si è imposto progressivamente un nuovo ordine mondiale improntato alla bipolarità: l'«islamismo», e in parte anche l'«islam» in generale, hanno sostituito il «blocco comunista», diventando una minaccia internazionale. Questa percezione si è acuita in seguito agli attacchi dell'11 settembre 2001 al World Trade Center di New York.

Questa trasformazione ha influito in alcuni casi anche sulla libertà religiosa individuale, come mostra il seguente esempio. Nel 1997 il Tribunale federale ha vietato a un'insegnante musulmana del Canton Ginevra di indossare il velo durante le lezioni, poiché ciò poteva influenzare le bambine e i bambini in modo incompatibile con la neutralità confessionale della scuola. Il divieto non intendeva colpire «le convinzioni religiose della querelante, bensì si prefiggeva di proteggere i diritti e le libertà altrui, così come l'ordine e la sicurezza pubblici», come ha affermato l'Ufficio federale di giustizia in un comunicato del 27 febbraio 2001. La decisione del Tribunale includeva anche considerazioni sull'uguaglianza dei diritti: «Bisogna inoltre rilevare che indossare il velo è difficilmente compatibile con il principio della parità dei sessi [...]. Si tratta di un valore fondamentale della nostra società, esplicitamente fissato in una disposizione costituzionale [...] e di cui la scuola deve tenere conto».

Fino agli anni Settanta la popolazione svizzera era quasi esclusivamente cattolica o riformata. Da quel momento, la diffusione di stili di vita moderni e il fondamentalismo cristiano hanno indotto un numero sempre maggiore di persone ad abbandonare le chiese cristiane. Nell'anno 2000 la comunità religiosa musulmana è ormai diventata la più grande minoranza religiosa della Svizzera, grazie all'immigrazione degli anni della guerra dei Balcani.

Evoluzione del panorama religioso in Svizzera, dal 1970 al 2000 | Ufficio federale di statistica

L'insegnante ha sottoposto il proprio caso alla Corte europea dei diritti dell'uomo (Corte EDU), che ha però appoggiato la sentenza del Tribunale federale secondo cui la neutralità confessionale della scuola va difesa in ogni caso. L'argomentazione sulla quale si fondano le sentenze qui descritte rimanda però a presupposti e a idee inespresse su ciò che è considerato normativo. Si pongono quindi, per esempio, le seguenti domande: in che misura il fatto d'indossare il velo minaccia «i diritti e le libertà altrui» e «l'ordine e la sicurezza pubblici»? Perché il divieto del velo dovrebbe contribuire all'educazione alla tolleranza e al rispetto reciproco più dell'atto stesso di tollerarlo? E in che misura si può considerare il velo come un simbolo della sottomissione della donna *tout court*?

Negli ultimi decenni il tema della religione ha attirato sempre più l'attenzione dell'opinione pubblica e dei media svizzeri ed europei. L'informazione è, in questo contesto, fortemente condizionata da giudizi di valore. Mentre il cristianesimo e chi li rappresenta e ebraismo sono giudicati a volte negativamente, altre positivamente, il buddismo è considerato di norma pacifico, nonviolento, aperto, tollerante e libero da dogmi. Nei confronti dell'islam prevalgono invece

Kopftuch ablegen

Tragen starker religiöser Symbole im Unterricht verboten

Lausanne. — (AP) **Eine Genfer Lehrerin darf nicht mit einem Kopftuch unterrichten. Gemäss einem am Mittwoch veröffentlichten Bundesgerichtsurteil verletzten die Genfer Behörden die Glaubens- und Gewissensfreiheit einer zum Islam übergetretenen Lehrerin nicht, als sie dieser untersagten, mit Kopftuch zu unterrichten.**

Für das Bundesgericht geht der verfassungsmässige Anspruch der Öffentlichkeit auf Religionsneutralität in den Schulzimmern über den Anspruch der Lehrerin auf Religionsfreiheit. Die Lehrerin hatte 1991 einen algerischen Staatsangehörigen geheiratet und war zum islamischen Glauben übergetreten. Seither unterrichtete die Primarlehrerin ihre Schüler mit einem Kopftuch und langen Kleidern, so dass die Schüler nur das Gesicht und die Hände ihrer Lehrerin sehen konnten. Aufgrund einer Meldung der Schulinspektorin untersagten die Genfer Behörden der Lehrerin einige Jahre später, weiterhin mit Kopftuch zu unterrichten. Im Oktober letzten Jahres erliess der Grosse Rat beziehungsweise der Staatsrat des Kantons Genf gar eine Resolution, worin die Genfer Behörden aufgefordert wurden, das Prinizip der Trennung von Kirche und Staat in den Genfer Schulen durchzusetzen.

Lehrerin muss ohne Kopftuch unterrichten.

Die Lehrerin wehrte sich gegen das Kopftuchtragverbot beim Bundesgericht. Ihrer Auffassung nach verletzt dieses Verbot ihre Glaubens- und Gewissensfreiheit sowie ihre Religionsfreiheit und verstösst deshalb gegen die Verfassung und die Europäische Menschenrechtskonvention. In seinem Entscheid erinnert das Bundesgericht daran, dass die Religionsfreiheit eingeschränkt werden kann, sofern nicht deren Kerngehalt getroffen wird. Voraussetzung ist jedoch, dass eine gesetzliche Grundlage vorliegt, die Einschränkung im öffentlichen Interesse liegt und verhältnismässig ist. Alle drei Voraussetzungen erachtet das Bundesgericht in seinem Entscheid als gegeben.

L'articolo riporta una sentenza del Tribunale federale, che nel 1997 ha vietato a un'insegnante ginevrina di fede musulmana di indossare il velo durante le lezioni. Il Tribunale si richiama all'articolo costituzionale sulla neutralità della scuola dell'obbligo. Di conseguenza, la querelante deve o accettare la limitazione della propria libertà religiosa o rinunciare a esercitare la propria professione.

Togliere il velo, Walliser Bote, n. 268, Briga, 20.11.1997, p. 3 |

giudizi negativi: esso viene in gran parte associato con conflitti, estremismo, violenza, arretratezza, terrorismo o, anche, con la repressione dei diritti della donna. Questo «scontro delle civiltà» mediatico riduce spesso e volentieri il velo a simbolo di valori tra loro inconciliabili. In questo contesto, il codice di abbigliamento islamico è spesso ritenuto il contrario di ciò che la nostra società aspira a essere: libera, sicura, garante della parità di diritti tra donne e uomini, nonché giusta.

Dall'inizio del XXI secolo si è tornati a dibattere in tutta Europa sul valore sociale della religione facendo leva sulla «controversia del velo». Il discorso verte sempre anche sulle condizioni della convivenza in società pluraliste. Tuttavia le giovani musulmane di seconda e terza generazione, alla ricerca della propria identità, indossano spesso il velo con una nuova consapevolezza e si considerano religiose, illuminate e moderne allo stesso tempo; aspirano all'indipendenza e al successo professionale, e prendono le distanze sia dalle aspettative e dai valori, percepiti come conservatori e restrittivi, della generazione dei loro genitori, sia dalle attribuzioni marginalizzanti formulate dalla società d'arrivo. Portano il velo con piena coscienza, non solo per esprimere il proprio rapporto con Dio, ma anche per comunicare e rivendicare il proprio diritto di partecipare alla società e ai processi decisionali che la riguardano.

In Svizzera, il velo è da lungo tempo parte integrante dell'abbigliamento tradizionale: le donne lo usano in campagna per proteggere la propria pettinatura dalla polvere e dalla sporcizia che si accumula durante il lavoro. Negli anni Cinquanta il velo diventa un accessorio alla moda e star come Grace Kelly, che lo sfoggiava in una decappottabile, hanno contribuito a rendere glamour questo copricapo femminile.

Donald Brun, Arosa Graubünden Schweiz, Ufficio del turismo di Arosa, Basilea, 1957, manifesto | Museum für Gestaltung Zürich, Plakatsammlung, ZHdK | © Roland Kupper, Basilea

In quanto segno visibile di appartenenza alla religione islamica, il velo delle donne musulmane è divenuto oggetto di controversia alla fine degli anni Novanta: il pluralismo religioso diventa anche in Svizzera una questione politica. Contro l'immigrazione islamica nasce una xenofobia.

Hijab con motivo floreale e strass argentati, Svizzera, 1990–2005, materiale tessile | Museo nazionale svizzero

Donald Brun
AROSA
GRAUBÜNDEN, SCHWEIZ 1800 m GRISONS, SUISSE, SWITZERLAND 6000 ft.
Printed in Switzerland – Eidenbenz-Seitz & Co. St.Gallen

La Confederazione disciplina

l'acquisizione

e la

perdita

della cittadinanza per origine, matrimonio e adozione

Cst. 1999, art. 38 al. 1

La Costituzione federale come correttivo delle decisioni arbitrarie in merito alla naturalizzazione

In Svizzera la cittadinanza consta della cittadinanza federale, cantonale e comunale, con i Comuni che ricoprono un ruolo fondamentale nel processo di naturalizzazione ordinaria. Ciò comporta il rischio che vengano prese decisioni arbitrarie o discriminatorie in materia di naturalizzazione, decisioni di cui i diritti fondamentali garantiti nella Costituzione federale rappresentano un importante correttivo.

In un freddo mattino invernale del 1963 la ventenne Vittoria Zanetti (nome di fantasia), candidata alla naturalizzazione, si presenta dinanzi alla commissione del legislativo del Comune patriziale di Basilea. Vittoria è nata e cresciuta a Basilea; suo padre proviene dall'Italia, sua madre da Basilea. Come il padre, la candidata è cittadina italiana; dopo aver frequentato le scuole basilesi ha completato una formazione di assistente dentale. L'autorizzazione federale di naturalizzazione è stata ottenuta; due inchieste condotte dall'ufficio del Comune patriziale, gli attestati di lavoro e le informazioni ricavate dai conoscenti di Vittoria non hanno prodotto nessun risultato pregiudizievole.

Vittoria Zanetti deve rispondere alle domande di undici membri, donne e uomini, della commissione del Comune patriziale, nella cornice dell'antico e venerando municipio di Basilea. I membri della commissione siedono a un tavolo, ancora immersi nella conversazione. La candidata «non è sicura», per un «periodo di tempo considerevole», «se l'esame ‹ufficiale› sia già iniziato» – così si apprenderà, in seguito, dagli atti di ricorso contro il rifiuto della domanda di naturalizzazione inoltrati dall'avvocato di Vittoria Zanetti al Consiglio di Stato basilese e al Tribunale federale, dell'aprile e dell'ottobre 1964. All'improvviso un membro femminile del consiglio patriziale pone la prima domanda: vuole sapere se Vittoria Zanetti «è a conoscenza della ragione per cui delle donne sono sedute in questa sala». L'interpellata risponde, in modo un poco vago, che il motivo «ha qualcosa a che fare con il suffragio femminile». Di fatto, il 7 dicembre 1958 le cittadine di Basilea avevano ottenuto il diritto di voto e di eleggibilità nei Comuni patriziali.

La «donna che ha posto la domanda», sempre stando agli atti, reagisce alla risposta di Vittoria «con acidità». La «donna in questione, membro del consiglio patriziale» sembra inoltre «sentire la necessità di mangiare cioccolatini, che prende da un sacchetto di fronte a lei». Un altro membro della commissione patriziale vuole sapere come si arrivi «a Olten o a Lucerna». Vittoria risponde in maniera spontanea: «Seguendo le indicazioni stradali». Segue un botta e risposta. Il membro della commissione: «Ci va a cavallo?» Zanetti: «No, con l'automobile». Di nuovo il membro della commissione: «Che cosa? Ha pure un'automobile?» (N.d.T.: in svizzero tedesco nel testo originale). La domanda di naturalizzazione viene respinta; la motivazione ufficiale recita, secondo il paragrafo 2d della legge sulla cittadinanza patriziale basilese allora vigente: «stile di vita notoriamente dissoluto».

Quello di Vittoria Zanetti è uno dei circa venti casi in cui, tra il 1950 e il 1969, gli stranieri che si erano visti rifiutare la richiesta di cittadinanza nel Cantone di Basilea-Città avevano presentato ricorso contro tale decisione. Si trattava di immigrate e immigrati di prima e seconda generazione, con cittadinanza tedesca e italiana. Per tutte le persone sotto i quarantacinque anni domiciliate nel Cantone da quindici anni sussisteva il diritto di richiedere la naturalizzazione gratuitamente.

Il paragrafo 2d era un relitto risalente al 1902. All'epoca la Confederazione e Cantoni come Basilea, Zurigo e Ginevra volevano facilitare il procedimento di naturalizzazione. Visto il numero sempre crescente di residenti stranieri, bisognava promuovere la loro integrazione civica. Il tentativo di introdurre uno *ius soli* a livello federale intorno al 1900 era sì fallito, ma il Cantone di Basilea-Città aveva esteso il diritto alla naturalizzazione gratuita, già esistente, e intro-

Il Cantone di Basilea-Città ha rifiutato la domanda di una giovane italiana che voleva ottenere la naturalizzazione negli anni Sessanta. La candidata, infatti, è «nata e cresciuta a Basilea, dove ha frequentato le scuole e trovato un impiego» e ha «parenti, amici e conoscenti a Basilea»: per il Consiglio di Stato basilese, però, tutto ciò non basta come «prova rigorosa» della sua «assimilazione».

Archivio comunale, Comune patriziale di Basilea C 1,6 diritto di cittadinanza, questioni singole e generali, ricorsi | Staatsarchiv Basel-Stadt

3951/16769 DER REGIERUNGSRAT

DES KANTONS BASEL-STADT

An das

Schweizerische Bundesgericht,
Staatsrechtliche Kammer,

L a u s a n n e

Regierungsratsbeschluss
vom 24.November 1964.

Hochgeachteter Herr Präsident,
Hochgeachtete Herren Bundesrichter.

Wir beehren uns, Ihnen auf die staatsrechtliche Beschwerde des [redacted], italienischen Staatsangehörigen, vertreten durch Dr. [redacted] Advokat, gegen den Regierungsratsbeschluss vom 15.September 1964 betreffend Abweisung ihres Bürgerrechtsgesuches nachstehende Vernehmlassung einzureichen mit dem Rechtsbegehren:

> Es sei die Beschwerde des [redacted] unter a/o Kostenfolge abzuweisen.

Zur Begründung machen wir Folgendes geltend:

I.

In erster Linie sei auf den eingehend motivierten Entscheid des Regierungsrates vom 15.September 1964 (Beilage 1) hingewiesen, an dem in allen Teilen festgehalten wird.

Die 16-seitige Beschwerdeschrift enthält keine wesentlichen neuen Momente, die uns zu einer andern Stellungnahme veranlassen könnten. Wiederum wie in der Rekursschrift an den Re-

dotto il diritto di ricorso alla decisione sulla naturalizzazione con una legge sulla cittadinanza del 19 giugno 1902. Tra i criteri che potevano determinare il rifiuto della domanda di cittadinanza figurava, come già accadeva nella legge del 1879, quello dello «stile di vita notoriamente dissoluto». Se lo stile di vita di una persona fosse stato considerato palesemente «dissoluto», ciò avrebbe impedito la naturalizzazione.

Questo paragrafo era stato interpretato in modo sempre più ampio da quando il termine «inforestierimento» si era affermato anche nella politica di naturalizzazione del Cantone di Basilea-Città, dopo la Prima guerra mondiale. Per questa ragione, nella sua presa di posizione del 24 novembre 1964 sul caso Zanetti, diretta al Tribunale

Nel 1963, in questa antica sala, l'italiana di seconda generazione deve affrontare le domande della commissione del Comune patriziale. La sua domanda di naturalizzazione viene respinta. In seguito il Comune patriziale della Città di Basilea motiverà il rifiuto asserendo che la candidata «non è legata in maniera sufficiente al suo Paese adottivo».

Sala del Consiglio patriziale nel municipio di Basilea | AL 45, 4-33-5 | Staatsarchiv Basel-Stadt

Il 5 dicembre 1961 Elisabeth Vischer-Alioth tiene un discorso in qualità di decana del legislativo del Comune patriziale (oggi Consiglio patriziale) nella sala riunioni del Consiglio comunale. Tre anni prima, le cittadine basilesi avevano ottenuto il diritto di voto e di eleggibilità a livello comunale.

Hans Bertolf, Erstmals Frauen im Bürgerrat, National-Zeitung, Basilea, 6.12.1966 | BSL 1013 1-1746 5 | Staatsarchiv Basel-Stadt

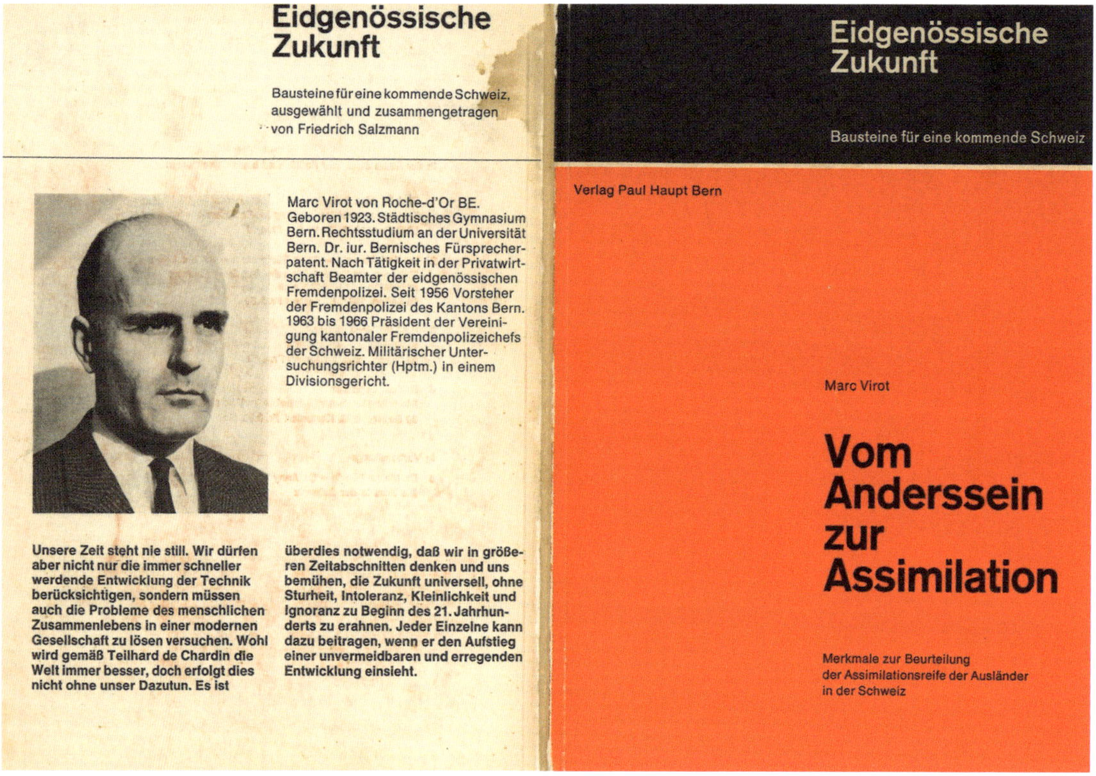

federale, il Consiglio di Stato aveva richiamato l'attenzione sul fatto che il criterio dello «stile di vita notoriamente dissoluto» era tradizionalmente considerato una «clausola generale» a Basilea. Il Comune patriziale si avvaleva della stessa argomentazione nella lettera che aveva indirizzato al Tribunale federale il 16 novembre 1964: «il criterio dello ‹stile di vita notoriamente dissoluto›» usato per motivare il rifiuto della richiesta di naturalizzazione veniva «interpretato in modo molto estensivo, sulla base di decenni di applicazione pratica». Questo spiegherebbe il caso di tutte le candidate e tutti i candidati «che sono state respinte e sono stati respinti a causa delle loro opinioni politiche, dei loro tratti caratteriali sgradevoli o a causa della loro mancata integrazione». L'esame della richiesta di Vittoria Zanetti aveva mostrato quanto la donna «fosse immatura, con molti difetti caratteriali e, soprattutto, non legata in maniera sufficiente al suo Paese adottivo».

Nella sua guida alla naturalizzazione del 1968 Marc Virot, capo della polizia degli stranieri bernese, elencava le virtù auspicabili in una persona che desiderasse ottenere la naturalizzazione: «puntualità, precisione, scrupolosità, ordine, perfezione, onestà, pulizia, calma, coscienziosità, disciplina, civiltà, solidarietà, senso di responsabilità e pace sociale».

Marc Virot, Vom Anderssein zur Assimilation. Merkmale zur Beurteilung der Assimilationsreife der Ausländer in der Schweiz, Haupt Verlag, Berna 1968, copertina, citazione a p. 88 | Regula Argast

Il Tribunale federale non ha ritenuto valida tale argomentazione e il 23 dicembre 1964 ha accolto il ricorso della Zanetti. I giudici federali avevano desunto dall'articolo 4 della Costituzione federale allora in vigore – «tutti gli Svizzeri sono uguali innanzi alla legge» – la protezione dall'arbitrio: «una risposta forse impertinente a una domanda non propriamente intelligente e per di più ambigua, così come una conoscenza lacunosa delle nostre istituzioni e circostanze» non potevano «in nessun caso rientrare nella definizione di ‹stile di vita notoriamente dissoluto›». I giudici hanno inoltre criticato l'interpretazione della legge sulla cittadinanza basilese, ritenendola «insostenibile» in quanto non poteva essere giustificata «sulla base di decenni di applicazione pratica». Vittoria Zanetti ha ottenuto successivamente la cittadinanza basilese.

Quello stesso anno i legislatori di Basilea hanno proceduto alla revisione della legge sulla cittadinanza e il passo sullo «stile di vita notoriamente dissoluto» è stato eliminato. La nuova legge del 19 marzo 1964 ha però introdotto il requisito dell'assimilazione sulla scorta del discorso sull'«inforestierimento», che all'epoca era tornato in auge in tutta la Svizzera, prendendo di mira soprattutto coloro che provenivano dall'Italia meridionale. La politica di naturalizzazione raggiunge la sua fase più restrittiva negli anni Sessanta e Settanta del secolo scorso, su tutto il territorio nazionale.

Tuttavia, sono stati riscontrati abusi nel modo in cui era condotto il processo di naturalizzazione anche negli anni Novanta, ovvero quando il criterio dell'assimilazione è stato sostituito in modo progressivo da quello dell'integrazione. Il caso più celebre è stato quello del Comune di Emmen dove, tra il 1999 e il 2003, le cittadine e i cittadini hanno respinto le richieste di naturalizzazione di coloro che provenivano dagli Stati nati dopo la dissoluzione della Jugoslavia a causa della loro origine e mediante votazioni a scrutinio segreto. Anche in questo caso il Tribunale federale ha accolto il ricorso dei candidati il 9 luglio 2003, appellandosi nuovamente all'articolo 8 della Costituzione federale del 18 aprile 1999, che stabilisce il divieto di discriminazione. Da quel momento l'uso del voto segreto per decidere delle domande di naturalizzazione è considerato inammissibile.

La Confede-
razione Svizzera
si impegna
per la

conservazione
duratura

delle
basi naturali
della vita

Cst. 1999, art. 2 al. 4

Un diritto fondamentale al freddo per la Svizzera?

Nell'agosto 2022, mese in cui la Svizzera ha registrato temperature record, alcuni escursionisti hanno fatto una scoperta insolita sul ghiacciaio alpino del Chessjen: ossa umane, vecchie più di qualche decennio. Ma non è l'unica cosa in cui gli alpinisti si sono imbattuti. Con il ritirarsi dei ghiacciai riaffiorano, poco a poco, altri oggetti, tra cui il relitto di un aeroplano precipitato nel 1968, scarpe, resti umani e reperti archeologici rari. Nell'autunno del 2018 il Museo storico del Vallese ha allestito una mostra intitolata *Aus dem Eis: Spuren in Gefahr* (‹La memoria del ghiaccio: tracce in pericolo›). Alcuni degli oggetti esposti risalgono al 6000 a. C., altri a un'epoca più recente, circa un anno fa. La mostra presentava, accostandoli in modo assai singolare, oggetti dell'età premoderna, che si trovano di solito in un museo di storia naturale, e oggetti contemporanei, che invece sono esposti in musei moderni e contemporanei. Il denominatore comune

Dopo la scoperta di Ötzi in Trentino-Alto Adige nel 1991, anche sulle Alpi svizzere, a partire dal 1993, ci sono stati dei ritrovamenti nei ghiacciai: nel 2017, per esempio, su un ghiacciaio sono stati portati alla luce i resti di una coppia di alpinisti. Ciò che in prima istanza aveva sollevato questioni circa la vita di queste persone è diventato, anni dopo, un problema di climatologia storica.

Resti di una coppia scomparsa dal 1942, ghiacciaio di Tsanfleuron, 2017 | Glacier 3000, Gstaad

che ha permesso di riunire questi oggetti in una mostra è il fatto che sono stati scoperti grazie alla riduzione dei ghiacciai: rapidamente sta prendendo forma una nuova disciplina denominata «archeologia dei ghiacciai».

Dal 1931 al 2016 i ghiacciai svizzeri hanno perso la metà del loro volume. I risultati di un modello di calcolo recente mostrano come i ghiacciai alpini potrebbero sciogliersi entro la fine del secolo anche se le emissioni venissero rapidamente ridotte e le temperature si stabilizzassero subito al livello di quelle dell'ultimo decennio. Coprire i ghiacciai con dei teli permette forse di usarli più a lungo come piste da sci, ma ne accelera la scomparsa. I teli diventano così una sorta di «sindone» di plastica.

L'arretramento dei ghiacciai comporta molteplici conseguenze per l'ambiente, specie per quanto riguarda la disponibilità idrica, il cambiamento della biodiversità così come i pericoli che porta con sé un paesaggio deglaciato. Anche le conseguenze sul piano giuridico sono enormi. Quest'estate siamo stati testimoni di come il confine tra Svizzera e Italia si sia modificato a causa dello scioglimento del ghiacciaio del Teodulo. Turisti e escursionisti ospiti del rifugio alpino «Rifugio Guide del Cervino», costruito nelle vicinanze della Cima della Testa Grigia alta 3480 metri, si trovano oggi letteralmente e metaforicamente su un terreno pericoloso, poiché lo scioglimento dei ghiacciai sta spostando il rifugio dall'Italia alla Svizzera. Ciò è all'origine di molti litigi diplomatici, il cui esito non può ancora essere previsto.

Il cambiamento climatico altera le linee costiere e mette in discussione anche la sovranità territoriale, come dimostra l'esempio summenzionato: finché non si saprà l'esito della contesa, il rifugio verrà indicato sulle carte di «swisstopo» con una linea tratteggiata, anziché con la linea continua rosa e molto più spessa usata per marcare i confini nazionali. I diritti costituzionali della popolazione svizzera hanno bisogno di un terreno solido, di un fondamento, ed è proprio questo terreno, su cui si fondano tali rivendicazioni, che ora potrebbe muoversi a causa dell'arretramento dei ghiacciai: le controversie territoriali sono, forse, soltanto la punta di questo iceberg che si sta sciogliendo.

In Svizzera i ghiacciai si sciolgono così rapidamente che fotografie scattate a intervalli relativamente ravvicinati riescono a rendere evidente quanto si siano ritirati. Il ghiacciaio del Morteratsch è scomparso quasi completamente all'inizio del secondo decennio del XXI secolo.

Il ghiacciaio del Morteratsch fotografato il 10.7.1985, l'8.7.2007 e il 9.7.2021 | © Jürg Alean, Eglisau

◀ Ill. alle pp. 78–79

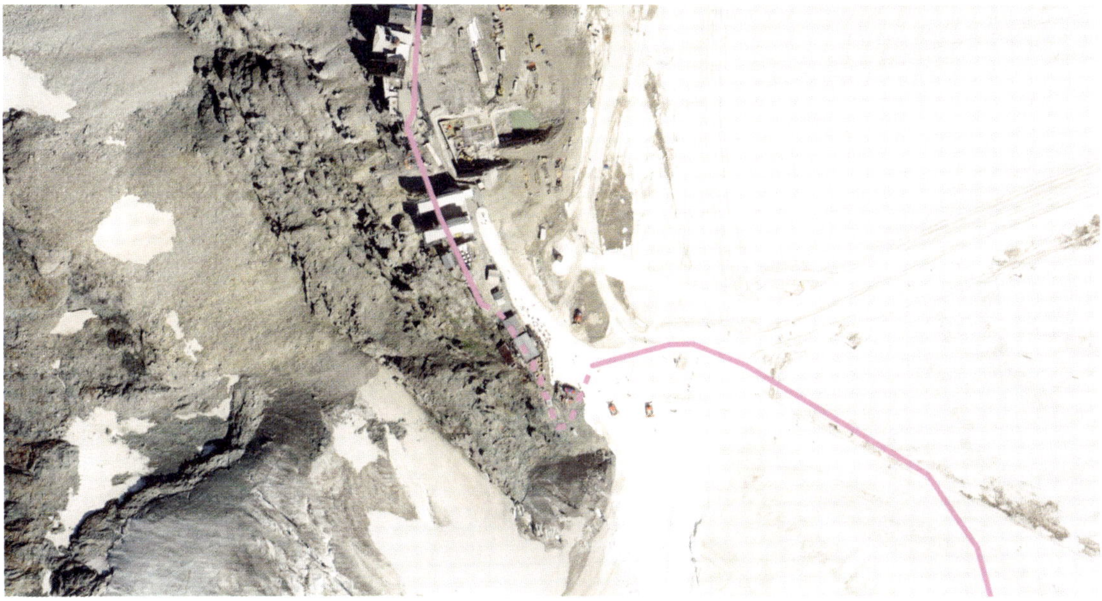

Il ghiacciaio del Teodulo costituiva il confine tra Svizzera e Italia. A seguito del suo parziale arretramento, il tracciato del confine è diventato poco chiaro: per ora, le carte ufficiali di «swisstopo» lo indicano con una linea tratteggiata; il confine deve quindi essere ridisegnato.

Rifugio Testa Grigia, Guide del Cervino | Ufficio federale di topografia swisstopo, 2022

Benché per molti il ritiro dei ghiacciai e le trasformazioni alpine da esso causate possano essere interpretati come come una nuova definizione di «swissness», questi momenti non dovrebbero essere soltanto un appello a sviluppare agende ambientaliste di vedute ristrette, che non vanno oltre i confini nazionali. I tempi sono maturi, in effetti, per riflettere su un futuro diritto fondamentale calato in una cornice cosmopolita e dalla portata globale.

Nel frattempo, esiste un ampio consenso sul fatto che il cambiamento climatico avrà effetti diretti e indiretti su una vasta gamma di diritti umani validi a livello internazionale, tra cui spiccano il diritto alla salute, all'abitazione, all'acqua e al cibo. Le ripercussioni del cambiamento climatico mettono maggiormente a rischio le persone che vivono su piccole isole, nei pressi di laghi e fiumi e acqua più in generale, nelle zone costiere situate a basse altitudini, nelle zone aride e ai due poli. Ciò solleva anche la questione di come noi, qui in Svizzera, possiamo concepire un futuro diritto fondamentale che abbia una portata mondiale. Bisogna ripensare i diritti fondamentali su due livelli, quello temporale e quello spaziale. Dal punto di vista del tempo dobbiamo pensare a come possiamo creare le condizioni necessarie per tutelare il diritto delle future generazioni a una vita sana e soddisfacente su questo pianeta. Dal punto di vista dello spazio ci viene richiesto di immaginare un diritto fondamentale svizzero dalla portata globale. Per sviluppare queste idee di partenza si possono prendere a modello alcuni esempi.

PETITION TO THE INTER AMERICAN COMMISSION ON HUMAN RIGHTS SEEKING RELIEF FROM VIOLATIONS RESULTING FROM GLOBAL WARMING CAUSED BY ACTS AND OMISSIONS OF THE UNITED STATES

SUBMITTED BY SHEILA WATT-CLOUTIER,
WITH THE SUPPORT OF THE INUIT CIRCUMPOLAR CONFERENCE,
ON BEHALF OF ALL INUIT OF THE ARCTIC REGIONS OF THE UNITED STATES AND CANADA,
INCLUDING:

Pitseolak Alainga, Iqaluit, Nunavut
Heather Angnatok, Nain, Newfoundland and Labrador
Evie Anilniliak, Pangnirtung, Nunavut
Louis Autut, Chesterfield Inlet, Nunavut
Christine Baikie, Nain, Newfoundland and Labrador
Eugene Brower, Barrow, Alaska
Ronald Brower, Barrow, Alaska
Johnnie Cookie, Umiujaq, Quebec
Sappa Fleming, Kuujjuarapik, Québec
Lizzie Gordon, Kuujjuaq, Québec
Sandy Gordon, Kuujjuaq, Québec
David Haogak, Sachs Harbour, Northwest Territories
Edith Haogak, Sachs Harbour, Northwest Territories
Julius Ikkusek, Nain, Newfoundland and Labrador
Lucas Ittulak, Nain, Newfoundland and Labrador
Sarah Ittulak, Nain, Newfoundland and Labrador
Willie Jooktoo, Kuujjuarapik, Québec
Mina Jooktoo, Kuujjuarapik, Québec
Irving Kava, Savoonga, Alaska
John Keogak, Sachs Harbour, Northwest Territories
David Koneak, Kuujjuaq, Québec
George Koneak, Kuujjuaq, Quebec
Ben Kovic, Iqaluit, Nunavut
Frank Kudlak, Sachs Harbour, Northwest Territories
Nora Kuzuguk, Shishmaref, Alaska
John Lucas, Sachs Harbour, Northwest Territories
Samantha Lucas, Sachs Harbour, Northwest Territories
Pauloosie Lucassie, Iqaluit, Nunavut
Trevor Lucas, Sachs Harbour, Northwest Territories
Tony Manernaluk, Rankin Inlet, Nunavut
Jack Maniapik, Mayor, Pangnirtung, Nunavut
Rosemund Martin, Savoonga, Alaska
Warren Matumeak, Barrow, Alaska
Jamesie Mike, Pangnirtung, Nunavut
Meeka Mike, Iqaluit, Nunavut
Roy Nageak, Barrow, Alaska
Annie Napayok, Whale Cove, Nunavut
Enosilk Nashalik, Pangnirtung, Nunavut
Simon Nattaq, Iqaluit, Nunavut
Herbert Nayokpuk, Shishmaref, Alaska
George Noongwook, Savoonga, Alaska
Peter Paneak, Clyde River, Nunavut
Uqallak Panikpak, Clyde River, Nunavut
Joanasie Qappik, Pangnirtung, Nunavut
Apak Qaqqasiq, Clyde River, Nunavut
James Qillaq, Clyde River, Nunavut,
Paul Rookok, Savoonga, Alaska
Joshua Sala, Umiujaq, Québec
Akittiq Sanguya, Clyde River, Nunavut
John Sinnok, Shishmaref, Alaska
Jerome Tattuinee, Rankin Inlet, Nunavut
Stanley Tocktoo, Shishmaref, Alaska
Robbie Tookalak, Umiujaq, Québec
Kenneth Toovak, Barrow, Alaska
Alec Tuckatuck, Kuujjuarapik, Québec
Clara Tumic, Umiujaq, Québec
Isaac Tumic, Umiujaq, Québec
Sheila Watt-Cloutier, Iqaluit, Nunavut
Moses Weetaltuk, Kuujjuarapik, Québec
Stephen Weyiouanna, Shishmaref, Alaska
Geddes Wolki, Sachs Harbour, Northwest Territories
Lena Wolki, Sachs Harbour Northwest Territories
Jerry Wongitillin, Savoonga, Alaska

Petitioner's Legal Representative:
Paul Crowley
P.O. Box 1630
Iqaluit, Nunavut X0A 0H0
Canada
(867) 979-3396
pcrowley@nv.sympatico.ca

DECEMBER 7, 2005

Titolo: *Petition to the Inter American Commission on Human Rights Seeking Relief from Violations Resulting from Global Warming Caused by Acts and Omissions of the United States*, presentata da Sheila Watt-Cloutier, Canada, 2005.

Questo il primo: nel marzo del 2021 la Corte costituzionale tedesca ha emesso un verdetto storico, secondo il quale la legge federale tedesca in materia di protezione del clima del 2019 è incompatibile con i diritti fondamentali delle future generazioni, in quanto non prevede misure sufficienti per ridurre le emissioni di gas serra entro il 2050. I querelanti, tra cui erano presenti anche giovani attivisti per l'ambiente, hanno spinto la Corte a riflettere sui diritti in una prospettiva transgenerazionale. Il fulcro della loro argomentazione era che le insufficienti disposizioni per la riduzione delle emissioni di CO2 dal 2030 al 2050, contenute nella legge federale per la protezione del clima, prevedevano un periodo di tempo molto ridotto per consentire alla Germania di raggiungere la neutralità climatica e che ciò avrebbe limitato in modo drastico i diritti fondamentali della popolazione tedesca e addossato un peso di dimensioni sproporzionate alle generazioni future. Dal punto di vista giuridico si tratta di una proposta innovativa, che getta le basi non solo per concepire un futuro diritto fondamentale, ma anche, e soprattutto, per giustificarne la creazione in modo da permettere di estendere i

L'attivista inuit Sheila Watt-Cloutier e la petizione alla Commissione interamericana dei diritti dell'uomo. Nella petizione, i firmatari criticano gli Stati Uniti per aver violato i diritti umani degli Inuit a causa della loro inerzia nei confronti del riscaldamento globale.

Chris Windeyer, ritratto dell'attivista Sheila Watt-Cloutier, Canada, 2010, fotografia | THE CANADIAN PRESS

diritti fondamentali esistenti della popolazione svizzera anche alle generazioni successive. Per garantire questo diritto dobbiamo confrontarci con la dimensione spaziale del diritto, ovvero con la sua portata oltre i confini nazionali.

Progettare un tale diritto in senso spaziale ci riporta alla superficie ghiacciata dove abbiamo iniziato il nostro viaggio: il 7 dicembre 2005 Sheila Watt-Cloutier, un membro della comunità inuit canadese, ha presentato alla Commissione interamericana dei diritti dell'uomo una petizione di 163 pagine in cui esortava gli Stati Uniti d'America, uno tra i maggiori produttori di gas serra, a prendere misure immediate per proteggere i diritti umani degli Inuit. Si è trattato di un gesto rivoluzionario, poiché per la prima volta il tema della tutela dell'ambiente ha acquisito sembianze umane ed è stato inserito nel discorso sui diritti umani. Sino ad allora, infatti, si era parlato perlopiù di orsi polari in pericolo, che vivono su ghiacciai che si stanno sciogliendo. Nel suo libro pionieristico *The Right to be Cold: One Woman's Fight to Protect the Arctic and Save the Planet from Climate Change,* Sheila Watt-Cloutier sostiene che la difesa del diritto culturale al ghiaccio, alla neve e al freddo delle comunità indigene che vivono nelle regioni polari serve a proteggere non soltanto l'Artide, ma anche l'intero pianeta. Ora che si riscontra una crescente tendenza degli Stati a tutelare i propri egoistici diritti d'accesso alle risorse fossili in nome del loro sviluppo a livello «nazionale», è forse giunto il momento di ripensare i diritti fondamentali della Svizzera in un'ottica globale. Potremmo chiederci, prendendo ispirazione da Watt-Cloutier: che cosa deve essere fatto oggi per garantire il diritto al freddo alle future generazioni della Svizzera?

Vorrei ringraziare Ella Daisy Müller per le osservazioni critiche che ha formulato sulla precedente versione di questo contributo.

Regula Argast
Storica, Prof. Dr.

Regula Argast è professoressa di storia e didattica della storia all'Alta Scuola Pedagogica di Berna e docente all'università telematica FernUni Svizzera. I suoi ambiti di ricerca sono la storia della cittadinanza e della nazione, la storia dell'eugenetica e della genetica, nonché l'insegnamento della storia orientato alle competenze. È membro del Consiglio scientifico del Liechtenstein-Institut di Bendern (LI).

Susanne Bennewitz
Storica, Prof. Dr. phil.

Susanne Bennewitz è professoressa di studi culturali alla Scuola universitaria di Treviri. Ha studiato e conseguito un dottorato presso le Università di Friburgo in Brisgovia, Berlino e Basilea. Ha lavorato come ebraicista al Museo ebraico della Svizzera e insegnato alla Scuola universitaria di studi ebraici di Heidelberg. Tra i suoi ambiti di ricerca va annoverata la storia migratoria e culturale delle società ebraiche, in particolare della Svizzera, a cui è dedicata la sua pubblicazione più recente, intitolata *Jüdischdeutsche Drucke und Basler Mundart* (2017).

Debjani Bhattacharyya
Storica, Prof. Dr.

Debjani Bhattacharyya è storica e professoressa ordinaria di storia dell'Antropocene all'Università di Zurigo. La sua attività di ricerca si incentra sull'intersezione tra storia climatica, storia giuridica e Antropocene. È l'autrice del volume pluripremiato *Empire and Ecology in the Bengal Delta: The Making of Calcutta.*

Numa Graa
Giurista, Prof. Dr.

Numa Graa ha studiato giurisprudenza alle Università di Losanna e Berna. Ha conseguito un dottorato in giurisprudenza all'Università di Losanna e in storia contemporanea all'Università di Parigi-Sorbona (Paris IV). Dopo aver ottenuto la patente di avvocato, nel 2021 è diventato professore straordinario all'Università di Ginevra, dove insegna principalmente storia del diritto e delle istituzioni. Il suo ambito di ricerca è la storia del diritto pubblico e del diritto penale in Svizzera.

Jacqueline Grigo
Antropologa sociale e culturale, studiosa delle religioni, Dr. phil.

Jacqueline Grigo è ricercatrice associata all'Università di Zurigo; come curatrice e antropologa culturale concepisce e realizza progetti museali partecipativi anche a livello internazionale. Ha studiato antropologia sociale e culturale (etnologia), nonché medicina sociale e preventiva e ha conseguito dottorale in scienza delle religioni. Nella sua tesi di dottorato ha studiato l'abbigliamento religioso, in un approccio dialettico tra percezione di sé e percezione di terzi.

Erika Hebeisen
Storica, Dr. phil.

Erika Hebeisen è storica e curatrice del Museo nazionale svizzero.
Ha studiato storia e letteratura moderna a Zurigo e Berlino e ha conseguito il dottorato all'Università di Basilea nel 2003. Dal 2010 lavora al Museo nazionale di Zurigo, dove è curatrice di mostre e responsabile della collezione Technologie&Brauchtum. Attualmente dirige insieme a Michael Kempf il progetto espositivo dedicato ai 175 anni della Costituzione federale svizzera.

Helen Keller
Giurista, Prof. Dr. iur. Dr. h.c.

Helen Keller ha studiato giurisprudenza alle Università di Zurigo, Bruges, Cambridge e Firenze. Dal 2004 è professoressa ordinaria di diritto pubblico all'Università di Zurigo. Tra il 2008 e il 2011 è stata membro del Comitato per i diritti umani delle Nazioni Unite. Dall'ottobre 2011 al dicembre 2020 ha ricoperto la carica di giudice presso la Corte europea dei diritti dell'uomo a Strasburgo.

Michael Kempf
Progettista di mostre

Michael Kempf è progettista di mostre. Ha studiato biologia e storia e filosofia della conoscenza al Politecnico di Zurigo. Nel 2015 è entrato a far parte del Museo nazionale, dove ha co-curato e progettato numerose mostre dedicate a una vasta gamma di temi, che vanno dalla Riforma protestante alla serie d'animazione giapponese su Heidi. Sta attualmente lavorando, insieme a Erika Hebeisen, alla mostra «Auguri e tanti diritti. 175 anni della Costituzione federale».

Josef Lang
Storico, Dr. phil.

Josef Lang lavora come storico indipendente a Berna ed è stato membro del Consiglio nazionale per il Canton Zugo. La sua tesi di dottorato, incentrata sulla repressione e sulla resistenza nei Paesi Baschi (1937–1977), è stata discussa a Zurigo e pubblicata nel 1983 con il titolo *Das baskische Labyrinth*. Tra i suoi temi di ricerca vanno annoverati, oltre alla questione nazionale, il cattolicesimo e la storia svizzera. La sua pubblicazione più recente è intitolata *Demokratie in der Schweiz. Geschichte und Gegenwart* (2020).

Martin Lengwiler
Storico, Prof. Dr.

Martin Lengwiler è professore ordinario di storia generale moderna all'Università di Basilea. Si occupa di storia dello Stato sociale e di storia economica delle assicurazioni. Dal 2015 al 2019 è stato membro della Commissione peritale indipendente per gli internamenti amministrativi; dal 2017 è membro (e dal 2022 è membro *ad hoc*) del comitato direttivo del programma di ricerca nazionale *Fürsorge und Zwang* (Assistenza e coercizione, PNR 76)

Vanessa Rüegger
Giurista, PD Dr. iur.

Vanessa Rüegger è libera docente all'Università di Basilea, avvocata e mediatrice. Dopo gli studi e il dottorato all'Università di Friburgo in Üechtland e alcuni soggiorni di studio a Londra, Heidelberg e New York, ha ottenuto la sua abilitazione a Basilea con una tesi sulla libertà artistica. I suoi ambiti professionali inglobano il diritto costituzionale e amministrativo, il diritto dell'arte e il diritto culturale, nonché la mediazione, la restituzione di beni artistici e le procedure informali di risoluzione dei conflitti.

Regula Argast

Redolfi, Silke Margherita: Die verlorenen Töchter. Der Verlust des Schweizer Bürgerrechts bei Heirat eines Ausländers, Chronos Verlag, Zürich 2019. +++ Studer, Brigitte/Arlettaz, Gérald/Argast, Regula: Das Schweizer Bürgerrecht. Nationalität und Ordnung des Sozialen in der Schweiz von 1848 bis zur Gegenwart, unter Mitarbeit von Anina Gidkov, Erika Luce und Nicole Schwalbach, Verlag Neue Zürcher Zeitung, Zürich 2008. Wecker, Regina: «Die Politik mit dem Bürgerrecht», in: Traverse: Zeitschrift für Geschichte 20, Chronos Verlag, Zürich 2013, pp. 141–155.

Susanne Bennewitz

Argast, Regula: Staatsbürgerschaft und Nation, Vandenhoeck & Ruprecht, Göttingen 2007. +++ Bhend, Angela/Picard, Jacques (a cura di): Jüdischer Kulturraum Aargau, Hier und Jetzt, Verlag für Kultur und Geschichte GmbH, Zürich 2020. +++ Rosenstein, Gabrielle (a cura di): Jüdische Lebenswelt Schweiz. 100 Jahre Schweizerischer Israelitischer Gemeindebund, Chronos Verlag, Zürich 2004.

Debjani Bhattacharyya

Jouvet, Guillaume/Huss, Matthias: Future Retreat of Great Aletsch Glacier. Journal of Glaciology, vol. 65, Nr. 253, pp. 869–872, Cambridge University Press, 2019, https://doi.org/10.1017/jog.2019.52, data di ultima consultazione: 4.10.2022. +++ Purtschert, Patricia: Jenseits des Réduits: «Die Schweiz und die Berge im Zeitalter der Dekolonisation», in: Schweizerische Zeitschrift für Geschichte, vol. 63, Nr. 2, Schwabe Verlag, Basel 2013, pp. 250–268. +++ Watt-Cloutier, Sheila: Petition to the Inter-American Commission on Human Rights Seeking Relief from Violations Resulting from Global Warming Caused by Acts and Omissions of the United States, 2005, http://climatecasechart.com/wp-content/uploads/sites/16/non-us-case-documents/2005/20051208_na_petition.pdf, data di ultima consultazione: 4.10.2022. +++ Watt-Cloutier, Sheila: The Right to be Cold: One Woman's Fight to Protect the Arctic and Save the Planet from Climate Change, University of Minnesota Press, Minneapolis 2018.

Numa Graa

Kölz, Alfred: Histoire constitutionnelle de la Suisse moderne. L'évolution institutionnelle de la Confédération et des cantons depuis 1848, Stämpfli Verlag, Bern 2013. +++ Malinverni, Giorgio/Hottelier, Michel/Hertig Randall, Maya/Flückiger, Alexandre: Droit constitutionnel suisse, vol. 2: Les droits fondamentaux, Stämpfli Verlag, Bern 2021. +++ Müller, Jörg Paul: «Introduction aux droits fondamentaux», in: Jean-François Aubert et at. (a cura di): Commentaire de la Constitution fédérale de la Confédération suisse du 29 mai 1874, Basel/Zürich/Bern 1987–1996.

Jacqueline Grigo

Berghahn, Sabine/Rostock, Petra/Nöhring, Alexander: Der Stoff, aus dem Konflikte sind. Debatten um das Kopftuch in Deutschland, Österreich und der Schweiz, Transcript Verlag, Bielefeld 2015. +++ Frietsch, Elke/Dennerlein, Bettina/Steffen, Therese: Verschleierter Orient – Entschleierter Okzident? (Un)Sichtbarkeit in Politik, Recht, Kunst und Kultur seit dem 19. Jahrhundert, Wilhelm Fink Verlag, Paderborn 2012. +++ Grigo, Jacqueline: Religiöse Kleidung. Vestimentäre Praxis zwischen Identität und Differenz, Transcript Verlag, Bielefeld 2015. +++ Mader,

Luzius/Schinzel, Marc: «Religion in der Öffentlichkeit», in: Bochinger, Christoph (a cura di), Religionen, Staat und Gesellschaft. Die Schweiz zwischen Säkularisierung und religiöser Vielfalt, Verlag Neue Zürcher Zeitung, Zürich 2012, pp. 109 – 144.

Helen Keller

Biaggini, Giovanni: Bundesverfassung der Schweizerischen Eidgenossenschaft. Kommentar, Orell Füssli Verlag, 2ª edizione, Zürich 2017. + + + Haller, Walter: The Swiss Constitution in a Comparative Context, Dike Verlag, 2ª edizione, Zürich 2016.

Josef Lang

Lang, Josef/Meier, Pirmin: Kulturkampf. Die Schweiz des 19. Jahrhunderts im Spiegel von heute, Hier und Jetzt, Verlag für Kultur und Geschichte, Baden/Zürich, 2016. + + + Mattioli, Aram (a cura di): Antisemitismus in der Schweiz (1848 – 1969), Orell Füssli Verlag, Zürich 1998. + + + Tosato-Rigo, Danièle/Kley, Andreas: «Religiöse Toleranz», in: Historisches Lexikon der Schweiz (HLS), Version vom 8. 11. 2011, https://hls-dhs-dss.ch/de/articles/011452/2011-11-08/, data di ultima consultazione: 14. 9. 2022 (trad. it.: «Tolleranza religiosa», a cura di Christina Müller).

Martin Lengwiler

Keller, Christian: Visionen, Volkshetze, Betrügereien. Der Weg zum modernen Steuerstaat am Beispiel der Kantone Basel-Stadt und Basel-Landschaft (1833 – 1928), Chronos Verlag, Zürich 2017. + + + Commissione peritale indipendente internamenti amministrativi (a cura di): Organisierte Willkür. Administrative Versorgungen in der Schweiz 1930 – 1981, Schlussbericht, vol. 10 A, Chronos Verlag, Zürich 2019.

Vanessa Rüegger

Garton Ash, Timothy: Redefreiheit. Prinzipien für eine vernetzte Welt, Carl Hanser Verlag, München 2016. + + + Mchangama, Jacob: Free Speech: A Global History from Socrates to Social Media, Basic Books, New York 2022. + + + Rüegger, Vanessa: Kunstfreiheit, Helbing Lichtenhahn Verlag, Baden-Baden/Basel 2020. + + + Siapera, Eugenia: Understanding New Media, Sage Publications, 2ª edizione, Los Angeles 2018.

COLOPHON

Mostra

Direzione generale Denise Tonella +++ **Curatrici e Curatori della mostra** Erika Hebeisen, Michael Kempf +++ **Scenografia** Rappaport Szenographie Architektur GmbH, Christa Held, Alain Rappaport +++ **Assistente del progetto** Naomi Eggli +++ **Coordinazione del progetto** Sophie Dänzer +++ **Consulenza scientifica** André Holenstein, Helen Keller, Vanessa Rüegger, Julia Tiefenbacher +++ **Comitato consultivo** Heidi Amrein, Beat Högger, Markus Leuthard, Sabrina Médioni, Denise Tonella +++ **Controllo del progetto** Sabrina Médioni +++ **Mediazione culturale** Gerda Bissig, Lisa Engi, Vera Humbel +++ **Progetto grafico** Weicher Umbruch, Andrea Münch, Markus Läubli +++ **Grafica pubblicitaria** Roli Hofer +++ **Giochi** Playing History UG & Co. KG, Martin Thiele-Schwez, Michael Geithner, Lauritz Daher +++ **Direzione tecnica** Ladina Fait, Mike Zaugg +++ **Allestimento della mostra** Bashir Ezzerari, Janine auf der Mauer, Marc Hägeli, Dave Schwitter, Philippe Leuthardt +++ **Direzione dei lavori di conservazione** Tino Zagermann +++ **Conservazione e assemblaggio degli oggetti** Natalie Ellwanger, Iona Leroy, Sarah Longrée, Charlotte Maier, Jürg Mathys, Ulrike Rothenhäusler, Christian Alder, Stahl und Schweiss +++ **Prestiti e logistica degli oggetti** Christian Affentranger, David Blazquez, Simon D'Hollosy, Reto Hegetschweiler, Markus Scherer, Claudio Stefanutto, Samira Tanner, Angela Zeier +++ **Fotografia** Jörg Brandt, Felix Jungo +++ **Archivio fotografico** Fabian Müller, Andrea Kunz +++ **IT** Danilo Rüttimann, René Vogel +++ **Film di animazione** YK Animation Studio GmbH, Joder von Rotz, Fela Bellotto +++ **Postazioni interattive** Alex Baur, Thomas Bucher, Ueli Heiniger, Pasquale Pollastro, Danilo Rüttimann, René Vogel, Tweaklab AG +++ **Marketing e comunicazione** Andrej Abplanalp, Anna-Britta Maag, Sebastiano Mereu, Carole Neuenschwander, Alexander Rechsteiner +++ **Traduzioni** Martina Albertini, Bill Gilonis, Language Factory, Marco Marcacci, Laurence Neuffer, Servizio linguistico romancio della Cancelleria federale, Servizio traduzioni della Cancelleria di Stato dei Grigioni

Pubblicazione

Curatore Museo nazionale svizzero +++ **Concetto e redazione** Erika Hebeisen, Michael Kempf +++ **Lettorato** Adrienne Heilbronner, Sandstein Verlag +++ **Grafica e design** Michaela Klaus, Sandstein Verlag +++ **Composizione e riprografia** Katharina Stark, Jana Neumann, Sandstein Verlag +++ **Stampa ed elaborazione** FINIDR s.r.o., Český Těšín +++ **Carattere** GT America +++ **Carta** Lessebo rough 1,3 natural 120 g/m², Fedrigoni Materica Gesso 250 g/m²

La *Deutsche Nationalbibliothek* ha registrato questa pubblicazione nella *Deutsche Nationalbibliografie*; i dati bibliografici in forma dettagliata sono consultabili all'indirizzo: http://dnb.dnb.de

www.sandstein-verlag.de

Edizione libreria
978-3-95498-731-3

Edizione museo
978-3-905875-60-7